Como entender UM HOMEM num piscar de olhos

Dados Internacionais de Catalogação na Publicação (CIP)
(Câmara Brasileira do Livro, SP, Brasil)

Santini, Nuala
Como entender um homem num piscar de olhos : através de gestos e palavras / Nuala Santini : tradução de Silvana Cobucci Leite. – Petrópolis, RJ : Vozes, 2017.

Título original : Come capire un uomo – attraverso i gesti e le parole

ISBN 978-85-326-5396-3

1. Homem-mulher – Relacionamento 2. Homens – Comportamento 3. Homens – Psicologia 4. Relações interpessoais I. Título.

16-00090 CDD-155.332

Índices para catálogo sistemático:

1. Homens : Comportamento : Psicologia aplicada 155.332

Nuala Santini

Como entender UM HOMEM num piscar de olhos

Por meio de comportamentos, gestos e palavras

Traduçao de Silvana Cobucci Leite

VOZES
NOBILIS

Edição brasileira publicada por intermédio da Agência Literária Eulama Internacional.
Título original em italiano: *Come capire un uomo – Attraverso i gesti e le parole*

Direitos de publicação em língua portuguesa – Brasil:
2017, Editora Vozes Ltda.
Rua Frei Luís, 100
25689-900 Petrópolis, RJ
www.vozes.com.br
Brasil

Editoração: Flávia Peixoto
Diagramação: Sheilandre Desenv. Gráfico
Revisão gráfica: Nilton Braz da Rocha / Nivaldo S. Menezes
Capa: Silvana Mattievich

ISBN 978-85-326-5396-3 (Brasil)
ISBN 978-88-6442-113-1 (Itália)

Editado conforme o novo acordo ortográfico.

Este livro foi composto e impresso pela Editora Vozes Ltda.

Sumário

Introdução

É verdade universalmente reconhecida que um homem solteiro dono de uma boa fortuna precisa de uma esposa.
Jane Austen. *Orgulho e preconceito.*

Querida Jane Austen, como seria bom se você ainda estivesse entre nós para nos brindar com uma série atualizada daquelas pérolas de sabedoria com que ajudou Elizabeth Bennet a resolver todos os mal-entendidos com Mr. Darcy, levando tantas moças de sua época a lidar com seus próprios sentimentos!

Quem sabe se, também hoje, Austen conseguiria deslindar o fio do novelo em que nos enredamos nos últimos duzentos anos, durante os quais vimos de tudo, das sufragistas ao feminismo, das cotas para mulheres na política a festins de conteúdo erótico-sexual promovidos por altas personalidades, com o único resultado de que, diferentemente do que ocorria em sua época, agora somos obrigadas a estabelecer os alicerces para construir uma carreira e temos de conquistar os homens sozinhas, com muito mais trabalho que antes.

E, para conquistar um homem, precisamos aprender a falar a linguagem dele, torcer por um time de futebol (de preferência, o dele), preservar para sempre o corpo de uma modelo, fingir entusiasmo em acompanhá-lo a um clube de troca de casais, mas manter com os outros homens o mesmo recato de uma santa. Como se não bastasse, precisamos estar dispostas a consolá-lo quando ele está um pouco febril, ignorando os dez pontos de sutura que levamos na mão ao cortar legumes para preparar o jantar.

Para lidar com os homens, as meninas deveriam receber um bom manual de instruções assim que aprendessem a ler, porque nem todas nós nascemos como Raffaella P. Ora, vocês devem estar se perguntando: "Quem é Raffaella P.?" E, contudo, na vida de todas as mulheres há ou houve pelo menos alguém assim.

Imaginem a cena: há mais ou menos três décadas, estamos na escola, na hora do recreio, e um grupinho rodeia o banco de Raffaella P. Ela está contando uma piada? Não, Raffaella jamais conta piadas. Está sendo socorrida porque seu nariz está sangrando? Talvez, mas esse também não é o motivo. Uma dica adicional pode ser útil: no grupinho há apenas garotos. Babando, embevecidos. Ou melhor, meninos, pois estamos no ensino fundamental, e não no médio, como vocês pensaram. Eles estão todos ali, nos desengonçados uniformes escolares com os cadarços dos sapatos meio desamarrados e os olhos brilhantes de cães farejadores de drogas em abstinência. Nem sequer têm ideia do que significa "fazer sexo". Alguns ainda acham que as cegonhas trazem os bebês. Apesar disso, estão todos em volta dela, elogiando seus cabelos louros e os lábios em forma de coração, dispostos a duelar para obter da menina alguma opção para a festinha de carnaval que vai acontecer na classe dali a dois dias, entre bolos feitos em casa, garrafas (de vidro de verdade) de laranjada, e batatas com gosto de batata de verdade, porque ainda não existiam os sabores artificiais de páprica e de churrasco.

Enquanto todos zumbem ao redor de Raffaella P., outras menininhas mordiscam o lanche mal-humoradas, porque o recreio está quase no fim e nem lançando sinalizadores sobre suas cabeças elas conseguiriam atrair a atenção, se não de todo o grupo, ao menos do menino por quem cada uma delas está apaixonada. E a raiva ficava ainda maior quando, ao levar para casa a foto oficial da classe e mostrar quem era Raffaella P., ouviam a mãe dizer que ela não tinha nada de especial e chegava até a ser meio feiosa.

Com o bom-senso adquirido com o tempo, percebemos que de fato Raffaella P. não era linda. Tinha cabelos louros, é verdade, mas a infeliz da mãe a obrigava a mantê-los tosados além da conta. E aos onze anos de idade aquela não era a estética mais favorável. Além disso, ela só tinha seios por estar um pouco acima do peso.

Refleti muito sobre os motivos que levavam Raffaella P. a complicar nossa vida. Analisei cada um de seus movimentos. Como todas nós, Raffaella P. evitava cometer gafes ou fazer caretas que lhe deformassem os traços. Esforçava-se para não chorar, não derramar cola na roupa ao fazer os trabalhos escolares, não esfolar os joelhos e não deixar cair migalhas nas roupas ao tomar o lanche. E, durante a chamada oral, caso não soubesse alguma coisa, preferia receber uma nota ruim em silêncio, em vez de arriscar uma resposta e ser alvo das risadas dos colegas. A questão não era o que ela fazia ou dizia, mas como o jeito dela denunciava um conhecimento natural do "inimigo" – os meninos –, com os quais construíra uma aliança tão forte a ponto de ser a única admitida nas brincadeiras deles, e sempre no papel de mulher do chefe, com direito a porte de revólver de brinquedo e tudo.

E nós, pobres comuns mortais que não tivemos a sorte de receber tanta ciência inata, o que deveríamos fazer?

Refletir, estudar, aprender e pôr em prática.

Quem sabe se, ainda hoje, Elizabeth Bennet conseguiria resolver alguns mal-entendidos com Mr. Darcy…

I
Homens, homens, homens

Os homens *não* são todos iguais

Dizer que os homens são todos iguais é um tanto reducionista. Quando eles te dão o fora usando sempre os mesmos métodos pouco explícitos, realmente parecem ter sido produzidos numa forma que o artesão reluta em jogar fora. É claro que existem múltiplas categorias masculinas, às quais eles jamais admitirão pertencer, convencidos de serem únicos e exclusivos.

Muitas mulheres – como a famigerada Raffaella P. – conhecem os homens desde que nascem, outras aprendem a interpretá-los com o passar dos anos. Outras, ainda, continuam a cometer erros de incompreensão mesmo depois de se relacionar inúmeras vezes com eles. Para todas, nunca é demais relembrar as principais características dos modelos mais comuns disponíveis no mercado.

O Exibido

Para o Exibido é vital ficar em evidência e os piores o fazem até à custa de sua namorada. Ao contar histórias para demonstrar que é ele quem manda no relacionamento, o Exibido não se incomoda nem um pouco com as consequências que podem derivar daí, nem teme que suas palavras cheguem à companheira através de um amigo comum presente. O Exibido gosta de ostentar roupas acima de suas posses, anulando o conceito de símbolo de *status*, e quer ter uma mulher que leve os amigos a invejá-lo, não por ser a vencedora das Olimpíadas de Matemática, mas por ostentar o título de Miss Camiseta Molhada. Às vezes, conquista uma com suas conversas sobre seus projetos faraônicos de abrir um restaurante só para celebridades no lugar mais badalado, mas o relacionamento dura pouco. Na maioria das vezes, esse tipo de homem se "contenta" com uma boa moça de aspecto modesto que o suporta – e que ele acaba amando de verdade, como nos filmes de final feliz –, mas que esconde dos amigos, descrevendo-a como a sósia de Pamela Anderson. O campo em que o Exibido se dá melhor é mesmo o da conversa. Ao contar alguma coisa, o faz como se fosse um entrevistado, às vezes gesticulando lentamente com o cigarro na mão. Além das lorotas sobre os dotes físicos da amada, adora dizer que trabalha como agente secreto, é assessor de confiança de um político, amigo de velha data de uma atriz famosa ou dono de um restaurante na Austrália, onde ninguém pode verificar se é verdade.

Esse tipo de homem deve ser reavaliado, sem ser descartado. Um pouco de arrogância sempre foi útil para a sobrevivência, e ninguém gosta de homens inexpressivos. O Exibido precisa de muita atenção e dedicação. Ele conta todas aquelas mentiras para esconder que é inseguro e, quando encontra uma mulher com quem cria uma alquimia para compensar sua insegurança, consegue decolar. Basta levar o Exibido a sentir que é apreciado e amado, e que é o centro de tudo, para ter o caminho livre. Não é preciso refutar as ideias dele, mas convertê-las em conceitos razoáveis; do contrário, tudo fica mais difícil e até mesmo desagradável.

O Conservador

Graças ao seu instinto patriarcal, é o mais homem dos homens. Sua ideia de subdivisão dos papéis masculinos e femininos é muito clara: para ele, o homem tem de ganhar dinheiro, enquanto a mulher fica em casa cuidando dos filhos e cozinhando.

Para grande alegria de muitas e desapontamento de algumas, sobraram pouquíssimos Conservadores autênticos. Embora o macho ultraconservador suscite associações negativas, é motivo de saudade para todas aquelas mulheres que, cansadas de pular de um trabalho malremunerado para outro e cheias do assédio de seus superiores, acalentam o sonho de ser donas de casa como suas mães.

No passado, o Conservador geralmente vinha dos lugares economicamente mais atrasados. Hoje, com o aumento da mobilidade, pode ser encontrado em todas as partes. Há até ilustres representantes da categoria que ocupam altos cargos públicos. Alguns chegam a alimentar o desejo irrealizável de excluir as mulheres da prática de governo por estarem convencidos de que elas fazem política por mero espírito de imitação do homem, sem compreendê-la de fato.

Conservadores menos famosos, ao contrário, são reconhecíveis a quilômetros de distância, por estarem sempre disponíveis ao flerte ao se deparar com uma mulher que os agrada esteticamente. Os mais indelicados levam a suspeitar que consideram as mulheres um mal necessário, imprescindíveis, embora não se viva bem com elas.

Geralmente, o Conservador tem uma alergia declarada a todas as atividades que impliquem algum tipo de serviço aos outros, entre as quais se incluem gentilezas, tarefas domésticas e todas aquelas ações que ele gosta de resumir com a frase: "Isso é trabalho de mulher". Em compensação, dispõe-se a envernizar o portão da casa num sábado de sol ou a consertar aquela torneira que está vazando há três dias, desde que seja iniciativa dele (motivo de elogios, portanto), e não um pedido. Além disso, quando apresenta a própria companheira para os outros, faz questão de destacar as melhores qualidades que ela possui e levá-la a se sentir realmente especial. Mas, não se iludam, com isso ele quer apenas demonstrar que só escolhe material de primeiríssima qualidade.

Assim como o Exibido, ao escolher uma mulher, não se preocupa nem um pouco com o quociente intelectual, a eloquência e a autonomia de decisão que ela possui; sua maior preocupação são as características externas. Convencido de que pode gerenciar a escolha, no entanto, acaba caindo facilmente na armadilha daquele tipo de mulher disposta, sim, a lhe dar um filho (no máximo dois) e a não trabalhar, desde que seja sustentada e tenha atendidos todos os seus caprichos.

Na juventude, o Conservador segue os rituais tipicamente masculinos, como o braço de ferro, as incursões com os amigos pelo submundo do sexo e uma discreta tatuagem.

Infelizmente, também se destaca pelo tom extremamente altivo, ou fingidamente condescendente, com que se

O Exibido gosta de desfilar com sua Miss Camiseta Molhada.

dirige às mulheres. É o resultado de sua inabalável fé no direito de supremacia do sexo masculino, que recebeu por vontade divina assim que veio à luz.

O Melhor Amigo das Mulheres

Diante da atividade cada vez mais intensa das "apaixonadas por cães" do Facebook – aquelas almas piedosas que não se cansam de postar imagens de cães presos em canis, para promover sua adoção –, alguns dizem que o cão se tornou o melhor amigo da mulher, e não mais do homem. Brincadeiras à parte, existe uma categoria de homens inevitavelmente destinada a consolar mulheres com quem sonham fazer algo bem diferente.

O Melhor Amigo das Mulheres, também chamado "fofinho" por elas ou, mais vulgarmente, "capacho" pelos amigos, poderia ser facilmente confundido com um *gay* não assumido porque, no conjunto, parece pouco masculino no sentido tradicional do termo e quase sempre pensa e age como uma mulher.

Manifesta, portanto, características tipicamente femininas, como a capacidade de ouvir problemas alheios durante horas a fio, ou a empatia necessária para se identificar com seu interlocutor e com os pensamentos dele. Assim, na roda de suas amigas são frequentes as iniciativas para favorecer e encorajar a "saída do armário", apresentando-lhe verdadeiros amigos *gays*, os quais, depois de uma atenta análise, concluem que... Bem, poderia ser, quem sabe?, Talvez...

Na verdade, o Melhor Amigo das Mulheres aplica, sem saber, o teorema do escritor Jay McInerney, segundo o qual os homens falam com as mulheres para levá-las para a cama (e as mulheres vão para a cama com os homens para falar com eles). É uma pena que, em 90% dos casos, ele fracassa e, ao invés disso, seus bons conselhos levam a amiga de volta para os braços do sacana que a fez sofrer.

O Melhor Amigo das Mulheres não impõe os próprios interesses a qualquer preço, e seu limite para concessões e acordos só pode ser visto com um binóculo de longo

Existe desde sempre uma categoria de homens inevitavelmente destinada a consolar mulheres com quem sonham fazer algo muito diferente.

alcance. Não é particularmente bem visto pelos outros homens, porque parece frágil e sensível demais, e muitos desconfiam que, lá no fundo, sua tática pode funcionar. No entanto, o problema não existe: paradoxalmente, como já dissemos, o "fofinho" não é muito apreciado nem sequer pelas mulheres. Talvez porque, por mais que toda mulher deseje ser compreendida pelo próprio homem, nenhuma aceita que ele não pareça realmente homem. Em suma, o Melhor Amigo das Mulheres talvez até seja uma ótima companhia, mas é quase completamente desprovido de *sex appeal*. É uma pena para ele.

O Ambicioso, ou melhor, Eu Não Poderia, Mas Quero

Neste contexto, Ambicioso não é aquele tipo de homem determinado, que persegue obstinadamente altos objetivos de carreira profissional, e sim, menos prosaicamente, aquele que tem compulsão por mulheres fora de seu alcance.

Alguém poderia objetar que o verdadeiro amor não faz discriminações e que até o maltrapilho Aladim conquistou uma princesa. Mas todos sabemos que aquilo não passa de um conto da carochinha e que, seja como for, Aladim contava com efeitos especiais para compensar sua pobreza. Por isso, vamos falar sério!

O Ambicioso é aquele tipo de homem inconveniente que persegue a (super)mulher escolhida como faria o prestativo acompanhante de uma dama, ou como o peixe-piloto atrás do tubarão. Não importa o quanto ela é infinitamente mais bonita, mais rica, mais culta, ou até já comprometida: o Ambicioso fica grudado nela fielmente, à espera do dia em que ela se dará conta de que o destino os criou um para o outro. Mas a credibilidade do sentimento se transforma em suspeita de desespero quando tanta dedicação se dirige a mais de três mulheres consecutivas. Depois de anos de corte silenciosa, mas cerrada, durante a qual o Ambicioso manteve a prioridade adquirida sentando-se sempre em um lugar-chave ao lado de sua amada, no ônibus das excursões, ou então ficou postado durante horas diante da mesa de trabalho dela, oferecendo-se para apontar seus lápis, caso sejam colegas de trabalho, ou passou dias inteiros na praia segurando o protetor solar, para estar pronto caso ela pedisse um voluntário para passá-lo, chega o momento em que até o Ambicioso desiste. Em geral, quando ela já marcou hora no cartório e já encomendou na floricultura o buquê para o casamento (com outro). Naquele ponto, ao Ambicioso só resta escolher outra Beatriz – descendo, coitado, um degrau nas dez mais das disponibilidades ao alcance da mão – e recomeçar a oferta de atos, palavras e pensamentos.

Depois de ser rejeitado, e descendo aos lugares mais baixos da classificação, por sorte acaba encontrando a alma gêmea que, menos atraente, mas muito mais inteligente do que a primeira da lista, consegue convencê-lo a mudar aquele corte de cabelo ultrapassado, que o faz parecer um *nerd*.

Os amigos do Ambicioso tendem a atormentá-lo com piadas cruéis e brincadeiras de mau gosto, como escrever com o pincel atômico no rosto dele, ao vê-lo cochilar perto da amada, ou atear fogo nos pelos de suas axilas na praia. Além disso, o obrigam oficiosamente a compartilhar com o Melhor Amigo das Mulheres o uso do apelido de "capacho", por não se incomodar em fazer viagens quilométricas apenas para levar à donzela o pincelzinho do *blush* que ela esqueceu no carro quando ele lhe deu uma carona para levá-la à casa dos tios.

Fonzie

Em *Happy Days*, série de televisão ambientada nos anos de 1950 e que fez muito sucesso no final dos anos de 1970 (a lei do *revival* que acontece depois de vinte anos sempre foi válida), Fonzie era um personagem de origem italiana, que vestia *jeans* e casaco de couro, meio feio, mas infalível em tudo. Conquistava as mulheres com um estalar de dedos e consertava motores de carro com um clipe, mantendo sempre certa arrogância. Como impropriamente lembram alguns políticos durante os *talk shows* em que se insultam, Fonzie tinha um defeito de fala congênito: não sabia dizer "errei", como muitos representantes do governo.

O Fonzie é, portanto, um companheiro particularmente difícil de lidar porque tende a esconder seus verdadeiros pensamentos e sentimentos. Com uma cara de jogador de *poker*, finge que não é com ele e observa os outros sem trair as próprias emoções. Conquistar os seus favores é um empreendimento quase impossível porque, para mostrar todo o seu valor, está disposto até a suportar a solidão.

Recapitulando, o Fonzie prefere morrer ou ficar sozinho a vida inteira a reconhecer um erro ou admitir que alguma coisa o comoveu ou uma experiência o tocou. Esconde-se atrás da fachada habilmente construída para não revelar sua fraqueza ou para parecer sempre dono da situação. Na verdade, costuma ser tão inseguro a ponto de precisar de tudo isso para sobreviver, e só quando ele descobre – casualmente – a sua insegurança que ele consegue sair da concha.

Isso significa que o Fonzie é perfeitamente capaz de ter sentimentos, às vezes até profundos, mas raramente está disposto a mostrá-los, a menos que acrescentem ao seu currículo uma reputação de magnanimidade. De tanto manter o controle, tem o mérito de ser muito bom para lidar friamente com emergências.

O Bobo da Corte

Alguns dizem que os comediantes são as pessoas mais tristes e deprimidas do mundo. Sem chegar a avaliações

O Fonzie finge que não é com ele e observa os outros sem trair as próprias emoções.

extremas, os engraçadinhos, aqueles que sempre têm uma piada pronta, mantêm o humor do grupo elevado, reduzem a tensão dos filmes dramáticos e conquistam as mulheres fazendo-as rir (com inteligência), de fato costumam esconder atrás de sua máscara uma grande profundidade de espírito e capacidade de reflexão.

Embora o Bobo da Corte não poupe nem sequer as piadas contra si mesmo, revelando uma autoironia digna de louvor, precisamente por ser inteligente, nunca tem o objetivo de zombar de outras pessoas ou de fazer com que os outros se divirtam à custa delas. Mas assim como o Fonzie fica compenetrado em seu papel glacial, o Bobo da Corte também corre o risco de não conseguir mais enfrentar o mundo com seriedade.

Ao menos uma vez, todos já nos vimos na situação de tentar discutir um assunto sério com ele e de ser interrompidos por suas piadinhas. Quando reclamamos, ele se limita a dizer que só quer deixar a situação menos dramática. Se isso já é motivo para desistir de consultá-lo sobre um assunto importante ou de fazer programas de curto prazo, imaginem planejar um futuro juntos!

Quando percebe que exagerou, ou sente a tempestade chegando, o Bobo da Corte tende a escorregar como uma enguia, não por covardia, mas por não saber lidar com situações em que há pouco motivo para rir. Agindo dessa maneira, ele prejudica apenas a si mesmo porque não dá a ninguém a oportunidade de descobrir a outra face de sua moeda.

O Entendedor (o Pretensioso)

Precisam discutir as teses sobre as técnicas de encáustica na antiga Grécia? Ele as testou no último final de semana. Acabaram de voltar de uma viagem a Papua Nova Guiné? Ele lhes explica em detalhes a beleza oculta do lugar. Querem abrir um pequeno restaurante orgânico no interior? Ele conta que abriu um de setecentos lugares em Brisbane, na Austrália. Querem conhecer Obama? Ele pode chegar a ele com muito menos que os consagrados seis graus de separação. Senhoras e senhoritas, apresento-lhes o Pretensioso, aquele que não consegue deixar de lhes jogar na cara tudo o que tem e tudo o que faz.

Esse tipo de homem está tão convencido de si mesmo a ponto de se julgar irresistível e acima da lista das preferências femininas. Um delírio que, para sorte dele, lhe permite ser feliz mesmo sem ter motivos para isso. Sua autoestima, já inata no espírito masculino em geral, supera todos os limites e se mostra particularmente irritante, sobretudo quando suas atitudes nos levam a desconfiar de que nos concede sua companhia e seu saber por uma espécie de compaixão. De fato, sua frase preferida é "você quer fazer o bem para as pessoas, e veja só o que recebe em troca", que profere sempre que alguém contesta suas lições de vida com uma opinião contrária.

O Pretensioso é tão autossuficiente que nem sequer precisa exibir símbolos de *status*. Sua autoproclamada superioridade espiritual chega e sobra para transmitir aos outros uma ótima impressão. No fundo, se considera um homem feito de substância e concretude.

Uma coisa deve ser reconhecida a ele: a esperteza de nunca se meter em assuntos que não domina. Nas conversas, ele sempre dá um jeito de desviar a atenção dos temas que desconhece e reencaminhá-la para sua zona de conforto.

O Hipocondríaco

Perguntem para algum funcionário de um laboratório de análises clínicas: na hora do exame de sangue, os homens desmaiam mais que as mulheres. Eles põem a culpa no jejum, insuportável para o ativíssimo corpo masculino, viciado em queimar calorias. A verdade é que, não obstante os milênios passados em brigas constantes, os homens não estão acostumados com o sangue e com o sofrimento como as mulheres, que, ao contrário, têm de enfrentar o ciclo menstrual todos os meses, além de suportar a gravidez e as dores do parto.

Em todo homem, até mesmo em Indiana Jones, se esconde um hipocondríaco. Mas há hipocondríacos e hipocondríacos. Aquele de que falamos agora é o Hipocondríaco com H maiúsculo.

Quem conhece um sabe o que significa ouvir o relato das dores insuportáveis – em fisgadas, pulsantes, em ondas, contínuas – que está sofrendo como ninguém. O Hipocondríaco dispõe de uma arma infalível, o exagero, que o aconselha a aumentar qualquer sintoma em, no mínimo, 30%. Mas negaria que o faz mesmo que acrescentássemos aos seus já notáveis sofrimentos outras torturas físicas (com direito a suco de limão espremido nos ferimentos).

Se estão pensando que a aspiração do Hipocondríaco é encontrar algum alívio para seu mal-estar, estão enganados. A maior de suas aspirações é atrair a atenção da mulher, se possível dizendo que, quando pequeno, a mãe dele lhe esfregava Vick Vaporub® no peito para descongestionar os pobres brônquios maltratados, além de molhar um lenço em água fria e torcê-lo cuidadosamente para colocá-lo sobre sua testa febril. E, não se esqueçam, ele só diz isso porque espera o mesmo de vocês.

O bom é que o Hipocondríaco por excelência pode se esconder mesmo no corpo de um homem perfeitamente desejável e desprovido de outros defeitos graves.

Isso significa que em alguns casos, em vez de desprezá-lo, é necessário aprender a lidar com ele, para não jogar fora o bebê junto com a água do banho.

Uma vez descoberto o seu valor – se ele o tem –, lembre-se de que o delírio do Hipocondríaco não é tão difícil assim. Basta ater-se fielmente à regra principal: compadecer-se dele.

Se o Hipocondríaco se sente ouvido, mimado, compreendido, digno de compaixão e consolado, se é mantido no centro da atenção de sua mulher o tempo suficiente para sua doença seguir o seu curso normal, a cura muito provavelmente é até mais rápida que o previsto e mais eficaz que qualquer medicamento.

O Maratonista

Acordar às seis e meia, tomar um rápido café da manhã, correr seis quilômetros até a pitoresca clareira no centro do parque regional, substituir o almoço por um lanche, fazer uma rápida excursão (num percurso alternativo) para chegar à cidadezinha histórica e visitar uma capela pitoresca e outros bens culturais, comprar algumas coisas nas lojas de artesanato e da gastronomia local, voltar para casa. Esse é um dos roteiros que o homem Maratonista, incansável personagem a ser colocado no extremo oposto do Hipocondríaco, poderia propor à sua companheira. O Maratonista não se detém diante das subidas mais íngremes e nenhum espinheiro é impraticável para ele. Quando se machuca durante um passeio turístico, não dá a mínima para o ferimento físico, mesmo que sangre. Se são os filhos que se machucam, incentiva-os a não se queixar e a fazer xixi sobre o machucado. Depois lhes pede para saírem em busca de uma daquelas plantinhas de folhas milagrosas de que ouviu falar na *National Geographic* para usar, no lugar dos *band-aids* (os quais obrigou a mãe deles a recolocar na bolsa, com um olhar de desaprovação).

Seu *slogan*, herdado do avô, é "nos meus tempos, a vida era dura de verdade", mesmo que ele tenha passado a infância num condomínio fechado.

O Maratonista poderia até ser um tipo divertido, se não desejasse convencer amigos e familiares a acompanhá-lo e a adotar os seus ritmos. Para ele, não existe motivo para se queixar de nada porque, citando Sêneca, lembra que, se um problema tem solução, basta colocá-la em prática e, se não tem, é inútil pensar nele. Por outro lado, se nos momentos de estresse psicofísico, ele mesmo aperta os dentes e cumpre o seu dever, talvez pulando refeições e perdendo horas de sono, por que todos os outros também não deveriam fazê-lo?

É possível viver bem com o Maratonista apenas em dois casos: 1) se vocês compartilham o estilo de vida e os princípios espartanos dele; 2) se são tão boas a ponto de lhe delegar todas as escaladas do Everest que caberiam a vocês.

Mas, se vocês gostam da vida confortável, se acreditam que deveríamos trabalhar com tranquilidade e ter sonhadas férias descontraídas com pequenos jantares ao pôr do sol no mar em antigos barcos de pesca restaurados, é melhor desistir.

O Super-homem

Pôr no lixo o guarda-roupa da vizinha de oitenta anos. Apagar um começo de incêndio. Resgatar o filhote de passarinho preso na calha. Mas também consolar o sobrinho que chora, cortar a grama, preparar o jantar, assentar o piso de madeira do sótão, encarregar-se do socorro em caso de acidente na estrada. Tudo isso sem perder a calma, o sangue-frio, a cordialidade e a cortesia. Inútil dizer que o Super-homem é aquele tipo de homem à Edward Cullen que a maior parte das mulheres sonha encontrar e ter como marido. Quem consegue conquistar um, deve segurá-lo firme, ainda que o Super-homem geralmente não seja propenso à ruptura das relações e, se por acaso trai uma mulher, o faça com discrição suficiente para passar despercebido.

Em suma, um homem bom demais para ser verdade. Mesmo assim, se a autora de *Crepúsculo* decidiu atribuir todos os méritos do Super-homem a um vampiro – ser "imperfeito" por excelência –, isso significa que perfeição demais pode até ser meio chata.

Não por acaso as mulheres que sonham com o Super-homem, na prática, acabam se relacionando com os lindos e insuportáveis, tão adoravelmente "imperfeitos".

O Casanova

Embora não rejeitasse as mulheres de uma classe social inferior à sua, Casanova preferia colecionar conquistas consideradas especiais pela beleza, riqueza ou recato. Hoje, ao contrário, o termo Casanova designa (com poucas exceções) aquele tipo de homem que, seguindo o princípio da pesca de arrastão, visa mais à quantidade que à qualidade.

Seu lema inconfessado na verdade é: "Só precisa respirar"; em alguns casos, chega a incluir na lista das conquistas até as senhoritas que lhe concederam as graças por dinheiro.

Sua arma mais eficaz é a adulação: às altas demais, diz que altura é sinônimo de beleza; às baixinhas, que o melhor perfume está nos menores frascos; às mais velhas, que as frutas maduras são mais saborosas; às feias, que as bonitas devem ficar com os homens desprovidos de imaginação, e assim por diante. Para o Casanova, portanto, toda mulher que transita por seu território de caça é "comível".

A categoria divide-se em duas subespécies. Numa se inclui o Arrebata-Corações, armado de péssimas intenções, indiferente ao risco de ferir os sentimentos da conquistada (que cedo ou tarde é irremediavelmente descartada), interessado apenas no sexo como fim em si mesmo. Aliás, se alguma mulher tentasse o suicídio por ele, é provável que o evento elevaria tanto sua autoestima a ponto de se casar com ela. Infelizmente, na fase da paquera, tem uma patética tendência a abusar daquelas frases melosas que as pessoas dizem umas às outras no Facebook, como: "Você tem um olhar que me hipnotiza".

O outro é o Charmoso, às vezes com mais de trinta anos de idade. Mais interessado na paquera do que no sexo. Usando a linguagem do corpo – passa um dedo ou a língua nos lábios, olha-a nos olhos –, consegue conquistar uma mulher também fazendo com que se sinta inteligente, brilhante, feminina.

Como nos filmes, leva-a para jantar em restaurantes que oferecem pratos veladamente afrodisíacos à base de ostras e champanhe. Seu lema é: "O começo de um amor é a coisa mais fascinante do mundo; não é de admirar, portanto, que se queira sentir o prazer de recomeçar o mais frequentemente possível".

O Casanova tem a virtude de levá-la a se sentir uma diva mesmo quando chega de repente e a encontra sem maquiagem e com roupa de ginástica. É pena que, em vez de enxergar todo o fascínio que você possui, ele só esteja preocupado em fazer a enésima marca na cabeceira da cama.

O Esportista

Inseparável de sua bicicleta, o Esportista geralmente é um ex-obeso, uma espécie de Ben Hanscom do romance *A coisa*, de Stephen King, que depois de uma infância inteira acima do peso, empanturrado e engordado pela mãe superprotetora, passa meses comendo apenas salada e se livra da gordura.

Seu problema principal é que vive obcecado pelo medo de voltar a engordar. Assim, come salsão cru ao jantar na pizzaria com os amigos e vai a qualquer lugar correndo, como Forrest Gump, ou de bicicleta, mesmo que chegue ao trabalho ou à casa dos outros suado como um pedreiro em pleno verão. Adequado para uma mulher muito tolerante ou igualmente esportiva.

Há também um tipo que se entrega à atividade física quando já não tem idade para fazê-lo. Jovens aposentados, homens em crise de meia-idade, maridos temerosos de perder belas esposas que se mantêm mais em forma do que eles. Para todos estes, o treino começa na mente e seu lema é: "Me sinto mais jovem por dentro", na tentativa de convencer tanto a si mesmos como os que com eles convivem.

Os Esportistas da Terceira Idade começam com a corrida, que muitos ainda chamam de *footing*, como se fazia na década de 1960. Não entendem por que correr cem metros agora é tão mais difícil do que antes, mesmo que esse "antes" remonte a vinte e cinco anos atrás, mas se esforçam até ficar fora do alcance da visão dos outros para parar ofegando desesperadamente. O risco é que, após as primeiras tentativas de retomada, esse tipo se convença de que está enferrujado demais e se transforme num Hipocondríaco (cf. o item referente a ele). Se, ao contrário, o lapso de tempo entre a saída de casa e a ameaça de um infarto se torna mais longo a cada dia, pode aspirar a melhores resultados. Começam assim as peregrinações às academias, até a contratação de um *personal trainer*, quando as finanças permitem, e a aquisição de equipamentos profissionais para continuar a atividade em casa, no fim de semana. Dali ao cálculo das calorias, da massa magra e das proteínas ingeridas, o passo é curto (e o abismo da mania, muito próximo).

Existe, enfim, um fanático da atividade esportiva que usa as sessões na academia e as horas nas quadras de tênis ou de futsal para fugir dos problemas da vida cotidiana. É verdade que o esporte pode representar um momento de lazer psicológico, além de físico, mas quando é excessivo a mulher deveria começar a se perguntar o que não vai bem na vida a dois.

O Caladão

Existem várias categorias de homens taciturnos. Excluindo os *serial killers* com pouca vida social e os vampiros disfarçados, há aqueles tímidos que continuam a buscar no cérebro as palavras corretas para se comunicar com o outro sexo; os belos e atormentados sobre os quais tudo já foi dito e feito; aqueles que simplesmente não acham necessário conversar demais com as mulheres (e, se o fazem, aplicam o já citado princípio de que só vale a pena quando têm de levá-las para a cama); enfim, aqueles que não têm vontade de falar porque estão sempre tentando resolver um problema de trabalho ou uma enrascada secreta que não querem que venha a público enquanto não conseguirem sair dela, justamente para proteger a própria reputação. Na maioria das vezes, excetuando os poucos casos dos tagarelas, cada homem traz dentro de si certa predisposição ao silêncio, que se manifesta particularmente depois do casamento. Consolida-se, portanto, aquela figura masculina que usa as palavras apenas quando estritamente necessário e faz o máximo de concessão ao contar duas ou três anedotas nas cerimônias de casamento, comunhões ou festas religiosas e nas malfadadas reuniões familiares. Quando está em casa com sua esposa (e eventuais filhos), vê a eloquência como um insensato desperdício de energia.

As mulheres podem encontrar inúmeras dificuldades em se relacionar com o Caladão, porque o consideram difícil de interpretar. O melhor a fazer é respeitar o máximo possível seus silêncios e preocupar-se apenas quando ultrapassam o humanamente suportável.

Em relação a isso, há alguns anos circula na internet uma pequena história cujo autor gostaríamos de conhecer e que descreve perfeitamente a distorcida e errônea percepção do silêncio masculino por parte da mulher. Vale mais que uma sessão de terapia de casal.

Do diário dele e dela

Ela

Ontem à noite achei que ele estava um pouco estranho. Havíamos marcado um aperitivo no centro. Como eu passara a tarde inteira fazendo compras com as amigas, cheguei um pouco atrasada, mas não disse nada. A conversa não estava lá grande coisa, então sugeri que procurássemos um lugar mais íntimo e tranquilo. Fomos para um bom restaurante, mas ele continuava estranho. Parecia ausente. Procurei animá-lo enquanto começava a me perguntar se a culpa era minha. Perguntei se havia algo errado, se era por minha causa, e ele me respondeu que eu não tinha nada a ver com aquilo, mas não me convenci. Quando entramos no carro para voltar para casa, eu lhe disse que o amava muito, mas ele se limitou a me abraçar sem dizer uma palavra. Não sei como explicar o comportamento dele. Não disse nada, não me disse que também me amava. Estou muito preocupada! Finalmente, chegamos em casa e naquele momento eu estava convencida de que ele queria me deixar. Tentei falar, mas ele ligou a televisão e começou a assistir distraído, dando a impressão de querer dizer que estava tudo terminado. Desisti e fui para a cama. Mas dez minutos depois ele chegou e, para minha surpresa, fizemos amor, embora ele continuasse a parecer distante. Procurei falar da nossa situação, mas ele dormiu. Chorei a noite inteira. Tenho certeza de que ele está pensando em outra. Minha vida é um desastre.

Ele

Meu time perdeu de novo. Ainda bem que pelo menos transei.

O Senhor Certinho (também chamado de Furio)

Em 1981, um semiprincipiante ator e diretor cômico chamado Carlo Verdone dirigiu e interpretou um filme destinado a permanecer no imaginário coletivo italiano por décadas, graças aos estereótipos humanos que ilustrava com precisão. Intitulava-se *Bianco, rosso e Verdone* [Branco, vermelho e Verdone] e (para os poucos que não o assistiram) contava três histórias paralelas de pessoas em viagem nas rodovias da Itália para ir votar. Entre estes logo se destaca Furio, um pai de família que coloca a bagagem no porta-malas como se estivesse montando um quebra-cabeça, e pergunta à mulher se o presunto nos sanduíches é de Luciano ou de Gino – pois o de Gino tem um sabor totalmente diferente – e só dá a partida no carro depois de consultar o serviço de informações para verificar a situação das estradas e saber se, saindo em três minutos e mantendo uma velocidade constante de cerca de 80 ou 85 quilômetros por hora, conseguirá se livrar de um problema nas proximidades da cidade de Parma.

Um Furio em casa, que não dorme enquanto não tiver concluído todas as tarefas programadas de manhã (se não da noite anterior) e que deseja do restante da família a mesma precisão, pode ser uma verdadeira praga ou uma bênção. De fato, ele é muito confiável para consertar alguma coisa, gerenciar o orçamento familiar, organizar as férias, renovar a pintura das janelas. Mas a situação começa a ficar um tanto complicada quando ele passa em revista a atividade dos outros (reprovando-a) ou repreende sua mulher por ter comprado um vestido novo para o casamento da prima, quando poderia muito bem usar o guardado no armário, uma vez que aquela parte da família nunca a vira com aquela roupa.

No filme, a pobre Magda, esposa de Furio, acaba abandonando o detalhista do marido e os dois filhos (que parecem prontos a seguir os passos do pai dali a poucos anos) e foge com um aventureiro que conheceu na estrada. Talvez não seja preciso sermos tão drásticas. Mas, antes de escolher um Senhor Certinho, é bom saber que ele nunca vai mudar.

No fim das contas, porém, ele não é tão ruim assim. No fundo, procura apenas viver, e fazer com que as pessoas de quem gosta vivam, da maneira que ele considera mais funcional. Entre outras coisas, é um tipo de homem que nunca reserva surpresas ruins. Se o seu contracheque prevê uma quantia fixa, ele nunca cederá à tentação de comprar algo fora de propósito e extravagante, será o mais responsável possível na direção para fugir das multas por excesso de velocidade como quem foge da peste e estacionará com atenção, para não arranhar o carro.

Além disso, um dado que não pode ser esquecido, o risco de ter uma amante, categoria que deve ser alimentada com alguns presentinhos, é muito improvável, porque ele jamais conseguiria justificar uma despesa extra. Enfim, o Certinho sempre cumpre as promessas, dificilmente muda de opinião, não vai atrás de modismos e, quando escolhe uma mulher, tem certeza absoluta de que é a melhor que já conheceu.

O Lobo Mau

Quem já se deparou com ele, toma muito cuidado para não repetir a experiência e aconselha as outras a não fazê-lo, ainda que as "outras", ao ouvir os relatos, geralmente se limitem a pensar: "Se fosse comigo, eu o faria entrar na linha".

Por Lobo Mau não se entende aquele tipo desprezível de homem que agride as mulheres. Esses nem sequer devem ser considerados homens. Ao contrário, o Lobo Mau é aquele que veste a touca e se disfarça de vovozinha – mais realisticamente, de bom rapaz, cheio de boas intenções, sério – para depois se revelar algo totalmente diferente.

É fácil reconhecer o Lobo Mau desde os primeiros encontros, porque manifesta um ou toda a série de sintomas inconfundíveis.

É grosso com garçons, bilheteiros, motoristas e toda aquela série de figuras profissionais que se encontram no decorrer de uma noitada romântica. Em vez de interpretar isso como um sinal de masculinidade marcante, esperem o mesmo tratamento no dia em que queimarem o molho para o macarrão.

Fala muito de suas ex. Primeiro exalta as proezas eróticas realizadas com elas, depois as difama, definindo-as com os termos mais desagradáveis que se pode atribuir a uma mulher. No começo, ingenuamente, vocês podem até gostar disso, ficar lisonjeadas por terem passado por uma seleção rigorosa. Na verdade, estão apenas correndo o risco de se tornar o próximo tema de – desprezível – conversa com aquela que vai substituir vocês.

Nunca se lembra de passar no caixa eletrônico e faz com que vocês paguem as despesas. Mas fiquem tranquilas porque ele nunca pensará em reembolsá-las a não ser que vocês superem o embaraço de lembrá-lo.

Telefona para flertar com vocês depois de beber um pouco além da conta com os amigos. Isso até seria divertido se ele também o fizesse quando está sóbrio.

E, o melhor de tudo, paquera outras mulheres na frente de vocês. E por paquerar entende-se também virar-se para acompanhar com o olhar a garçonete bonita que acabou de passar perto da mesa ou casos parecidos.

Dispensa comentários, não é mesmo?

O Macho Beta

Com o advento da crise econômica, dois modelos de macho saíram de linha. Trata-se do Metrossexual, o homem que vive em um contexto metropolitano e pós-industrial e gasta(va) muito dinheiro para cuidar de seu aspecto (mesmo sem deixar de ser hétero), e a sua evolução natural em *Übersexual*, semelhante ao Metrossexual, porém mais difícil de confundir com um *gay*.

De acordo com o escritor Christopher Moore, o novo homem vencedor é o Macho Beta. O segundo da classe,

O Lobo Mau, ou seja, o homem que se apresenta como um bom rapaz, para depois se revelar algo totalmente diferente.

aquele que, numa matilha de lobos, segue à devida distância o Macho Alfa, mas sem pisar os pés dele, esperando que, durante uma luta corpo a corpo contra um aspirante à liderança, caia duro e deixe uma viúva inconsolável, a qual o Beta tratará de consolar.

A revista italiana *Gioia* definiu-o como "dono de um estilo de liderança suave, mas nem por isso menos eficaz"; sempre de acordo com a revista, Silvio Berlusconi representava o Macho Alfa, enquanto Barack Obama é o representante dos Beta.

O Macho Beta não precisa exibir força e agressividade. Isso é coisa de homens das cavernas. Precisamente por não ser dotado de tais atributos, aprende com o tempo a desenvolver estratégias alternativas, como diz Moore. Uma delas pode ser a capacidade de perceber o perigo de longe e contorná-lo. O Macho Beta não dá as costas para o perigo.

Apenas se aproxima dele de outra direção para apanhá-lo do melhor lado, o mais fraco. Antigamente se chamava covardia, hoje é sabedoria. E se fosse ele o homem ideal?

O Atacante em Posição de Impedimento

Voltemos no tempo, há mais ou menos sessenta anos, quando a maior parte das mulheres era constituída de esposas e mães. Eram tempos em que ela podia tirar um cochilo à tarde, enquanto estava sozinha, para recuperar uma noite passada em claro. Isso lhe permitia ser a única a se levantar à noite para embalar o bebê insone ou para atender a um acesso de libido do companheiro.

Nos últimos anos, com a crise econômica e a dispensa em massa de trabalhadoras, muitas mulheres reencontraram o papel de donas de casas (sem dúvida, teria sido melhor fazê-lo por escolha e não por coação) e, infelizmente, não têm problemas de horários. Todas as outras que milagrosamente conservaram o emprego, em contrapartida, veem-se obrigadas a enfrentar não apenas o bicho-papão do desemprego que está à espreita, mas também a presença em casa de um Atacante em Posição de Impedimento.

Trata-se daquele tipo de homem no qual os hormônios se alvoroçam, com pontualidade britânica, precisamente quando você tem de acordar às cinco da manhã e ele já está de férias. E, naturalmente, não se contenta com uma "rapidinha", como ele faz quando ambos têm de acordar cedo. Para ele, aquela é a melhor ocasião para sugerir que você vista aquele macacão de látex, comprado num famoso *sex shop*, para brincar de rainha do planeta desconhecido, até o sol raiar. Mas na manhã seguinte o intrépido explorador dos espaços siderais roncará até tarde. Se você tentar desencorajá-lo, ele começará a alertar para os primeiros sinais de crise, lembrará que, quando a artrite o impedir de "brincar", você se arrependerá daquela recusa e assim por diante. Muitas mulheres resolvem o problema adicionando um pouco de valeriana no prato servido no jantar. Sempre se pode recorrer a alguma medida natural para aplacar os chamados da natureza.

O Pegajoso

Trata-se daquele tipo de homem que, evocando os parâmetros geralmente válidos para o sexo masculino, acredita que a insistência é a arma para abrir uma brecha nas defesas das mulheres. É o tipo que percorre as casas noturnas para cortejar simpaticamente todas as mulheres ali presentes, contando piadas engraçadas só para ele, apoiando confidencialmente as mãos nos ombros ou nos antebraços delas, tentando abraçar qualquer cintura que fique ao alcance de suas mãos e atrevendo-se eventualmente a ousados beijos roubados. Profundamente desleal com seu próprio gênero, aposta todas as fichas mais no rebaixamento dos outros homens que na valorização de suas próprias qualidades.

Na opinião dele, portanto, os mais bonitos do que ele têm "aquilo" pequeno, os mais *sexy* são impotentes, os mais inteligentes não são bons de cama, e assim por diante. Com base no mesmo princípio, está convencido de que, para levar uma mulher ao clímax do prazer sexual, basta "martelá-la" por, pelo menos, 45 minutos. Desaconselha-se vivamente, portanto, a ideia de ceder até mesmo à magnânima tentação de lhe conceder um exasperado prêmio de consolação uma única vez, apenas para recompensar sua constância.

Como se livrar do pegajoso

Nos fóruns femininos, onde geralmente nos lamentamos da falta de homens decentes, existem seções inteiras de queixas dirigidas ao Pegajoso, e há tempos circula um prontuário anônimo (é uma pena!) que reúne algumas boas respostas eficazes para se livrar dele.

Ele: *Já nos encontramos em algum lugar?*

Ela: *Sim, sou recepcionista da clínica especializada em doenças venéreas.*

Ele: *Já não vi você em algum lugar?*

Ela: *Sim, é por isso que não vou mais lá.*

Ele: *Este assento está livre?*

Ela: *Sim, e este também vai estar se você se sentar.*

Ele: *Então, vamos à minha casa?*

Ela: *Não sei. Há dois lugares na lixeira?*

Ele: *Vamos para a sua casa ou para a minha?*

Ela: *Para as duas. Eu para a minha, você para a sua.*

Ele: *Quero ser seu!*

Ela: *Sinto muito, não gosto de bijuterias.*

Ele: *Se eu pudesse ver você nua, morreria feliz.*

Ela: *Mas se eu visse você nu, morreria de rir.*

Ele: *Eu iria ao fim do mundo por você!*

Ela: *Que bom, mas você poderia ficar por lá?*

Ele: *Como você faz para ser assim tão linda?*

Ela: *Faço o contrário do que você faz.*

O Pegajoso acha que a insistência é a arma para conquistar as mulheres.

II
Comunicar-se... em todos os níveis

A linguagem do corpo

Já falamos da dificuldade da comunicação verbal entre homem e mulher, particularmente difícil com alguns tipos de homem (cf. o item sobre o Caladão). Como se trata de uma história tão velha quanto o mundo, as mulheres nunca se esqueceram da época em que as palavras eram apenas grunhidos guturais e um gênero reconhecia o outro cheirando-lhe o traseiro. Agora, mais civilizadamente, para compreender o que as palavras não dizem, pode-se recorrer à linguagem do corpo, tema muito em moda nos últimos tempos e celebrado também por diversas séries de televisão e livros.

Eis algumas noções para compreender melhor o outro sexo sem dificuldade. Talvez pareça pouco espontâneo obedecer a algumas regras enquanto se procura atrair a atenção de um homem, mas imaginem quantas convenções aceitamos e quantos ritos seguimos todos os dias sem nos perguntar por quê. O pavão não se pergunta o quanto é ridículo ao exibir a cauda aberta para impressionar a fêmea; assim, não custa recuperar alguns gestos que antigamente nos davam a possibilidade de nos comunicar com o outro sexo quase que por telepatia.

Psicólogos e estudiosos do comportamento intervêm até durante as gravações dos filmes românticos para orientar os atores de maneira que se tornem mais convincentes, e se identifiquem o máximo possível com o personagem a ser interpretado. Linguagens verbais e não verbais, portanto, devem ser consideradas fontes mais que confiáveis.

O homem sexualmente disponível

Tende a atrair sua atenção e direcioná-la para a área genital: mãos no bolso, finge arrumar o cinto das calças, cruza as pernas. Ajeita a gravata para levar você a dirigir o seu olhar para ele. Endireita os ombros e estufa o peito. Faz um sinal afirmativo com a cabeça, mesmo que não seja expressamente exigido pela conversa.

O homem sexualmente não disponível

Evita até mesmo o menor contato físico, olha sempre para outro lado. Tamborila nervosamente os dedos sobre a mesa ou bate um pé no chão. Cruza os braços. Senta-se na beira da cadeira, mantendo pernas e pés bem unidos, os braços sempre juntos, mas com as mãos sobre o ventre (postura encolhida). Põe um obstáculo físico entre você e ele (o copo, o cardápio, o celular).

“Mensagens” a transmitir para ser compreendida sem recorrer a palavras

Para atrair um homem que não se conhece

Você pode fazer com que um homem a compreenda sem recorrer às palavras. Eis algumas “mensagens” a transmitir para despertar a intuição instintiva dele.

Olhe diretamente para ele, afastando o olhar rapidamente, com o rosto um pouco para baixo. Olhe de novo para ele, desta vez, mantendo o queixo um pouco baixo. Alguns minutos depois, ele se aproximará.

Quando ele se aproximar e começar a falar, aceite com delicadeza o elogio que ele provavelmente lhe fará. Depois copie discretamente os movimentos dele, sem imitá-lo. Isso sugerirá certa empatia, e ele vai pensar que você está num estado de espírito semelhante ao dele. Esse é o primeiro passo para avaliar uma alma gêmea.

Se possível, coordene o bater dos cílios com a respiração dele (isso é muito difícil, mas funciona).

Para encorajá-lo, caso perceba que ele está receoso, olhe ao redor. Isso o levará a sentir uma pitadinha de pânico, como o do pescador obrigado a fazer malabarismos com o peixe que tenta fugir.

Acaricie distraidamente um lado do rosto ou os lábios (passar a língua nos lábios enquanto se olha para outro lugar também seria bom, mas é explícito demais). Ao fazê-lo, você sugere que gostaria de ser tocada por ele. Passe a mão nos cabelos, ajeite-os ou prenda-os com um objeto não destinado a esse uso (uma caneta, um canudinho).

Mantenha os glúteos apertados e encolha a barriga. Nós mulheres adotamos essa postura até inconscientemente.

Enquanto ouve o que ele diz, incline levemente a cabeça para um lado.

Brinque com um objeto ao alcance da mão (um pacotinho de açúcar, um lápis, o copo, as chaves etc.).

Se ele sente atração por você, inclinará a cabeça para um lado enquanto fala, a olhará nos olhos e tocará a própria nuca ou os braços. Não se assuste se, de vez em quando, também olhar para outro lugar: é útil para organizar as próprias ideias.

Encontre uma desculpa para poder tocá-lo de maneira casual e desinteressada. Apoie a mão no braço dele e continue a falar, evitando que a interrompa só porque você está tocando nele. Assim, ele não interpretará o seu gesto como intencional e fingirá que não está acontecendo nada, mas dentro dele pensará: "Está no papo!" Deixe que pense.

Depois de perceber alguns desses sinais positivos, você pode tentar um primeiro contato físico com ele. Ajeite a gola da camisa dele ou acerte o nó da gravata. Ou então, com um pouco mais de ousadia, tente tirar uma migalha dos lábios dele.

A difícil linguagem de casal

Como dissemos, os homens falam muito menos do que as mulheres (as quais, ao contrário, adoram conversar entre amigas e por telefone) e geralmente chegam ao cerne da questão sem muitos rodeios e sem esperar que o

A linguagem do corpo é fundamental para atrair a atenção de um homem.

interlocutor preveja o que estão prestes a dizer. As mulheres, em contrapartida, são verdadeiras mestras em matéria de comunicação indireta. Não por acaso, dizem que o homem ideal é aquele que antecipa qualquer desejo da mulher, mesmo quando ela expressa suas aspirações com perguntas e pedidos indiretos que o obrigam a mirabolantes tentativas de compreensão, raramente bem-sucedidas. Um dos *slogans* preferidos das mulheres alude ao conceito do "eu não tenho de dizer nada; a iniciativa deve ser dele".

Com essas acrobacias, as mulheres certamente não têm a intenção de torturar ou de machucar o companheiro. A nosso ver, os testes a que submetemos os homens têm o único objetivo de avaliar a harmonia e as afinidades do casal, porque não raro partimos do pressuposto de que é possível se comunicar com eles no mesmo plano. Mas esse é um grande erro.

Quantas brigas de casal são marcadas pelo refrão: "Você não me entende! Nunca me escuta!" Tudo se deve à tendência das mulheres de se comunicar com mensagens ocultas, e à dos homens de ir direto ao alvo. É evidente que se as duas partes não fizerem um esforço para compreender a língua uma da outra, não chegarão a nenhum resultado.

Vamos tentar nos entender

É inverno, faz frio: um casal está aconchegado no sofá assistindo a um filme juntos. Ela estremece, esfrega os braços e se queixa: "Brrr! Que frio!" "É mesmo!", responde ele, inteiramente concentrado na trama do filme. Ela se zanga porque ele não se ofereceu imediatamente para lhe aquecer os pezinhos com uma massagem carinhosa. A consequência direta é que ela se pergunta se aquela história ainda tem algum sentido, se ele realmente a ama... E se não teria sido melhor escolher João em vez dele. Não gostava tanto dele, é verdade, mas ele com certeza a amava mais. Enquanto isso, o coitado ao lado dela, desconhecendo o drama sentimental que se desenrola a poucos centímetros, está inquieto com a sorte de Lisbeth Salander, e se pergunta se ela conseguirá sair do fosso onde a enterraram viva. Mas, se a sua doce metade tivesse pedido abertamente, ficaria bem feliz em aquecê-la, um gesto que até contribuiria para reduzir a tensão do filme.

Quem tem razão? *In medio stat virtus*, diziam os latinos. Homens são de Marte, mulheres são de Vênus, repete-se obsessiva e continuamente desde 1992, ano da publicação do homônimo *best-seller* de John Gray. Por sorte, há remédio para tudo, do contrário a humanidade não se teria reproduzido baseando-se principalmente em sólidos núcleos familiares. Mas a vontade de encontrar a chave de comunicação deve estar presente em ambas as partes.

Tomemos o exemplo de um dos fenômenos negativos mais difundidos nos últimos anos: o fantasma do primeiro encontro. Manifesta-se pronunciando a fatídica frase: "Eu ligo pra você. A gente se vê logo", depois de passar uma noite conversando intensamente em meio a uma chuva de insinuações. Ela espera impaciente durante dias que ele a chame para sair, mas o telefonema não virá nunca. Como ele havia anotado o número dela, mas não lhe deixara o seu, a mulher começa a se questionar se ele não o perdeu e, com fingida casualidade, consulta os possíveis amigos comuns, acabando por encontrá-lo mais uma vez apenas para se dar conta de que ele nem sequer se lembra de seu rosto. E, no entanto, caso outro homem (invisível) a tivesse acompanhado durante toda aquela noite, ele poderia lhe dizer desde logo que aquele fulano queria apenas uma distração (não sexual) para passar o tempo, e que só lhe pediu o número do telefone porque ela parecia morrer de vontade de dá-lo.

Por outro lado, algumas mulheres vivem fazendo aquelas perguntas-armadilhas que tanto aterrorizam os homens, do tipo: "Você acha que engordei?" E, seja qual for a resposta, estará errada. Ou então sugerem: "Uma hora poderíamos voltar àquele lugarzinho romântico para jantar", e nenhum homem jamais tomaria essa sugestão como um convite concreto para providenciar imediatamente as reservas, gerando mau humor.

Mas voltemos ao sofá: em vez de pedir diretamente ao homem que massageasse os seus pés ou apanhasse uma manta para lhe cobrir as pernas, a mulher se comunicou indiretamente e com gestos, sem se dar conta. E é precisamente esse o erro. Para a mulher, a alusão à sua condição de mal-estar é suficiente para esperar alguma providência por parte do homem. Assim como receber um pedido direto lhe pareceria rude, acredita que fazer o mesmo com um homem seria indelicado. Espera que ele tenha a sensibilidade de compreender e agir imediatamente. No melhor dos casos, em vez de esconder a indignação, ela logo a manifesta. Ele deixa de assistir aos créditos finais do filme e, para não transformar brisa em furacão, diz que ela tem razão e aceita a bronca, mas, se a vida fosse uma história em quadrinhos, manteria um grande ponto de interrogação sobre a cabeça por toda a noite. Ele, de fato, está convencido de que não fez nada de errado. Como dissemos, se ela tivesse pedido para apanhar um cobertor, para lhe massagear os pés ou para abraçá-la e aquecê-la, ele teria ficado bem feliz em fazê-lo, feliz por agradá-la e nunca julgaria o pedido muito direto ou indelicado.

Ambos avaliaram erroneamente a situação, tratando um ao outro como se fossem representantes do mesmo sexo.

O que um homem diz, o que pretende dizer na verdade

Estou com fome. = *Estou com fome.*

Estou com sono. = *Estou com sono.*

Estou cansado. = *Estou cansado.*

Que vestido bonito! = *Que gostosa!*

Há algo errado? = *Não entendo por que você está transformando isso numa tragédia.*

Há algo errado? = *Que insignificante trauma psicológico autoinfligido você está combatendo?*

Há algo errado? = *Imagino que esta noite não há chance alguma de transar...*

Sim, gosto do seu corte de cabelo. = *Gostava mais deles antes.*

Sim, gosto do seu corte de cabelo. = *Duzentos reais e não mudou nada!*

Vamos ao cinema? = *Gostaria de fazer sexo com você.*

Vamos jantar fora? = *Gostaria de fazer sexo com você.*

Posso ligar pra você? = *Gostaria de fazer sexo com você.*

Vamos dançar? = *Gostaria de fazer sexo com você.*

Você parece tensa. Quer uma massagem? = *Quero acariciar você (Gostaria de fazer sexo com você).*

Estou entediado. = *Quer fazer sexo comigo?*

Te amo. = *Vamos fazer sexo, agora!*

Eu também te amo. = *Está bem, eu disse, mas agora vamos fazer sexo!*

Vamos conversar. = *Estou tentando fazer com que você tenha uma boa impressão a meu respeito, de modo a fazê-la acreditar que sou uma pessoa profunda e talvez então você concorde em fazer sexo comigo.*

Quer se casar comigo? = *Quero que para você se torne ilegal ir para a cama com outros homens.*

Gosto mais daquele outro. = *Compre qualquer um desses malditos vestidos e vamos para casa!*

Uma clássica situação de casal: ela teria outros programas, mas ele está todo compenetrado assistindo televisão...

Mas, mas...

Vocês devem estar pensando que, desde que o mundo é mundo, os homens sempre conseguiram dominar perfeitamente a comunicação indireta. Como refinados estrategistas, enganam deliberadamente os outros, deixando-os acreditar que não haviam compreendido suas intenções, mas apenas quando o resultado não é o esperado. Basta lembrar com quanta desenvoltura os políticos desmentem o que declararam um dia antes, acusando o próximo (sobretudo a imprensa) de ter deturpado suas palavras.

Vejamos outro exemplo. Um homem e uma mulher se conhecem e se encontram algumas vezes. Ela fica apaixonada por ele. Ele tem uma quedinha por ela, mas nada sério. Antes de admitir também para ela – e para si mesmo – que não tem nenhuma intenção de ter uma longa e importante história com aquela mulher, continuará a sair com ela, poderá até manter uma espécie de relacionamento com ela: na verdade, nunca é ele quem a procura, aceita apenas os convites e as investidas dela. Quando, considerando-se ainda livre (enquanto a mulher acredita que ele já está comprometido com ela), encontrar outra que realmente lhe interesse, estranhará os protestos e as acusações da primeira. Quando ele jurar que não havia percebido o quanto a primeira mulher estava envolvida, estará sendo sincero. Ele lhe dirá que nunca disse que a amava, que sempre foi ela quem o procurou. Pedirá que se conforme, pensando nos lindos momentos que passaram juntos e que ambos gostaram de fazer bom sexo. Demonstrará, em suma, que, quando quer, ele também consegue usar a comunicação indireta. Assim, é inútil negar que, quando se trata de inventar algo em benefício próprio, os homens revelam uma imaginação invejável.

Como iniciar as negociações com um homem

Vamos partir, portanto, do postulado de que, quando quer, o homem é um ótimo orador. Só que é ele quem decide como e quando fazer uso da palavra. Se a conversa versa sobre um tema que ele conhece bem, temos certeza de que se tornará um malabarista verbal. Se se trata de discutir o que está escrito na página de esportes, de decidir a formação da seleção de futebol na próxima partida, ou de elencar os erros dos governos nos últimos vinte anos, então sua língua ficará mais solta do que a de um tagarela. Mas quando tem de fazer planos para o futuro com sua mulher, empaca, fica atrapalhado. Por isso é preciso sinceramente apreciar o esforço de um homem que se declara.

Falar de sentimentos e de problemas de casal com a própria companheira é uma daquelas ocasiões em que ele se esquece do uso da fala. São muitas as perguntas femininas perigosas: "Você ainda me ama? Você é fiel a mim? Como estou?", e o risco de dar a resposta errada está sempre presente.

Além disso, o homem detesta que sua mulher o envolva numa discussão. Procura fugir, prefere dar um soco na porta, em vez de brigar com palavras. Não raro fica em silêncio e finge aceitar os protestos.

A questão já está definida: os homens não têm talento para o diálogo, e a necessidade de explicar os próprios sentimentos é inexistente. Além disso, a ciência também demonstrou que, no cérebro deles, as regiões responsáveis pela linguagem são diferentes daquelas das mulheres. Isso basta para explicar tudo?

O que uma mulher diz, o que pretende dizer na verdade

Sim. = *Não.*

Não. = *Sim.*

Talvez. = *Não.*

Sinto muito. = *Você não vai gostar!*

Precisamos. = *Quero.*

Você decide. = *A decisão certa deveria ser óbvia.*

Faça o que achar melhor. = *Você vai pagar por isso.*

Precisamos conversar. = *Preciso me queixar de alguma coisa.*

Claro, faça isso se você quiser. = *Não quero que você faça isso.*

Não estou com raiva. = *É claro que estou com raiva, seu idiota!*

Você é tão másculo. = *Você precisa se barbear.*

Esta noite você está tão carinhoso comigo. = *Mas será que você só pensa em sexo?*

Apague a luz. = *Tenho celulite.*

Esta cozinha é tão pouco prática. = *Quero uma casa nova.*

Quero novas cortinas. = *... e tapetes e móveis e papel de parede.*

Ouvi um barulho. = *Percebi que você estava quase dormindo.*

Você me ama? = *Estou prestes a te pedir algo difícil.*

Quanto você me ama? = *Fiz alguma coisa que você não vai gostar de saber.*

Tenho o bumbum grande? = *Diga-me que sou linda.*

Você precisa aprender a se comunicar. = *Só precisa concordar comigo.*

Nada, de verdade. = *Você é mesmo um idiota.*

III
Corrida de obstáculos da vida cotidiana

Uma vez contornadas as armadilhas da comunicação, vejamos como lidar com a vida cotidiana na prática. A imagem da corrida de obstáculos não é casual: as dificuldades e os motivos para iniciar uma crise irreparável fazem lembrar esse tipo de corrida. Cabe a nós ter a habilidade de pular todos eles para obter, se não a vitória, ao menos uma boa classificação.

Homem Doente = Hipocondríaco

Já falamos da "delícia" de ter um Homem Hipocondríaco ao nosso lado. Na verdade, trata-se de um tipo de homem em que é particularmente acentuada uma característica comum a todos os homens, mesmo no caso da mais leve indisposição.

Quem teve em casa um Homem Doente sabe do que estamos falando. Um resfriado não é um resfriado, mas o sintoma de uma doença misteriosa que levará ao pior. Uma espinha no queixo poderia ser sarna; uma dorzinha de barriga, o sintoma de uma peritonite; uma crise de prisão de ventre é uma obstrução intestinal. A hipocondria masculina varia de um indivíduo para outro e não diminui com a experiência. Citemos o exemplo de Indiana Jones que pintou e bordou, mas choraminga quando a mocinha de plantão tenta tratar de seus ferimentos.

Quando o homem demonstra um mal-estar, não existem tratamentos suficientes e palavras carinhosas o bastante para consolá-lo. Mas deixar de fazê-los poderia ser motivo de divórcio. O Homem Doente volta a ser criança e se comporta como se tivesse chegado ao fim de seus dias, esperando que sua mulher o trate exatamente como fazia a mãe dele. E ai de quem ousar minimizar seus sintomas e não levá-lo a sério! Ao fazer isso, estaremos ferindo também o seu ego masculino; e teremos de tratar não apenas o seu corpo, mas também a alma.

Por outro lado, a mulher, mesmo com 40^0 de febre, tem de cuidar dos filhos e da alimentação da família. Está ativa, prepara o café da manhã, acompanha os filhos à escola e vai até trabalhar para não desperdiçar os dias de licença e de férias, que pode aproveitar em uma ocasião familiar. Nesse meio-tempo, faz as reservas para as férias na internet, tira a roupa da máquina de lavar, paga as contas. Ele, ao contrário, começa a ficar alarmado quando o termômetro marca 36,8º: apanha imediatamente a caixa de medicamentos, pergunta-se o que vai ser da sua família se ele não tiver mais condições de trabalhar; e cai num estado comatoso que lhe permite, com dificuldade, levar aos lábios a xícara com o chá de camomila, apertar os botões do controle remoto da tevê que ela, amorosamente, levou para o quarto e folhear a *Quatro Rodas*. Às vezes parece que o lema que une os homens de todo o mundo é "Ou tudo ou nada". Que nesse caso corresponde a "Vivo ou morto".

Ouvir dois homens que tiveram a mesma gripe e trocam suas impressões chega a ser engraçado. Suas mulheres, se presentes, geralmente não sabem se riem ou têm um acesso de raiva. Há um detalhe, em particular, que pode enfurecê-las. Descobrir que, quando se trata de descrever os sintomas da doença da qual saíram ilesos, de repente os homens sabem falar.

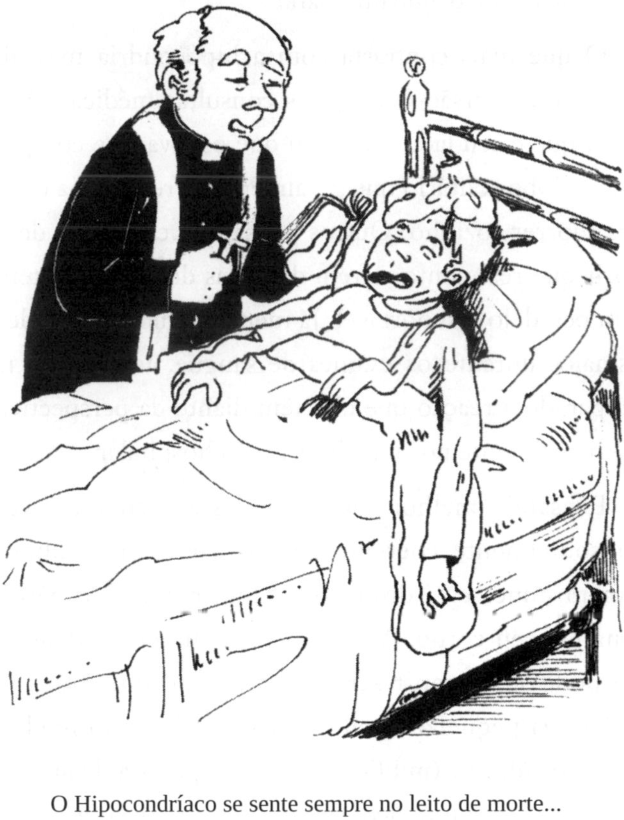

O Hipocondríaco se sente sempre no leito de morte...

Obviamente o convalescente, que acabou de ser arrancado dos braços da morte, ainda não tem forças para desempenhar suas atividades normais e não quer ser sobrecarregado com os problemas cotidianos. Mas isso não o impede de ir à partida de futsal da quinta-feira à noite, porque ela levanta seu astral e, portanto, acelera o processo de convalescença. É uma pena que sua companheira considere aquele raciocínio bastante ilógico. De fato, as mulheres não conseguem compreender com qual critério os homens estabelecem suas prioridades. O princípio, contudo, é simples: o homem não renuncia às coisas que o divertem porque são "remédios" que o ajudam a sarar.

O que mais contrasta com a hipocondria masculina, porém, é a aversão deles pelas consultas médicas. Alguns dizem que é seu lado selvagem que os leva a se comportar como o lobo solitário que geralmente se refugia na caverna para morrer sozinho. Outros pensam que o medo de descobrir que realmente sofrem daquelas doenças que temem é um pesadelo insuportável. Já mencionamos o recorde dos desmaios durante os exames de sangue. Isso não é nada comparado à reação que eles têm diante da perspectiva de passar realmente por uma internação hospitalar.

Pensando melhor sobre isso, essa pretensa covardia é absolutamente coerente com o caráter masculino. O homem nunca está disposto a admitir que algo não funciona em seu corpo. A doença gera vulnerabilidade e ele não pode se permitir ser vulnerável, porque precisa defender sua pequena fortaleza. Ser levado a um médico e, portanto, admitir (publicamente) que precisa de ajuda não o agrada nem um pouco: se o médico é um homem, seria como confessar que é o elemento fraco do grupo. Se é uma médica é ainda pior, pois significa revelar ao outro sexo que não é o melhor macho com quem procriar. Assim, é muito melhor enfrentar a doença sozinho, sofrendo e se queixando. Ou então correndo à farmácia mais próxima para agarrar tudo aquilo que pode comprar sem receita e tentar a fórmula da automedicação. Por sua saúde, o homem não tem pena de gastar e mata dois coelhos com uma cajadada. Ter dinheiro para gastar com remédios gera nele a certeza de que só pode fazer isso por ser um Macho Alfa (no vértice da sociedade, portanto).

É estranho que os homens procurem o tratamento e não a prevenção. Para eles, os consultórios médicos só servem para emergências e não para esquentar as cadeiras na sala de espera.

Como dissemos, atrás dessa atitude se esconde não apenas o medo inato de perder o controle, mas também o receio de ver confirmado aquilo que as pessoas que o cercam já o aconselham a fazer faz tempo: beber com moderação, fumar menos, comer mais frutas e verduras, movimentar-se um pouco. Um verdadeiro pesadelo!

Tudo a seu tempo

Quando se trata dos trabalhos domésticos, o homem supertecnológico de repente não tem a menor ideia de como usar uma máquina de lavar. Já o aparelho de DVD, os consoles multimídia e os computadores de alto desempenho, com manual de instruções de 150 páginas, não são um problema. Em teoria, ele deveria entender perfeitamente também de forno e máquina de lavar. Mas, quando tem de usá-los, passa a sofrer de amnésia e já não consegue nem sequer distinguir os brancos dos coloridos.

Para cuidar do seu carro, usa centenas de produtos, o encera, lava e passa o aspirador de pó por dentro, a ponto de transformá-lo numa pequena joia. Chega até a lavar os vidros. Em casa, ao contrário, tudo isso deixa de existir. Deduzimos que a mania de limpeza depende muito do objeto a ser submetido a limpeza e do grau de interesse que ele desperta no homem.

Um trabalhinho em casa...

Presume-se que os homens não veem a sujeira tão bem como as mulheres, mas isso não significa que a metade masculina da população deva correr para o oculista. Trata-se antes do conhecido fenômeno da percepção seletiva (apenas algumas coisas são percebidas, ao passo que outras são automaticamente esquecidas).

Quase todos os homens dominam perfeitamente a percepção seletiva, e isso vale tanto para a visão quanto para a audição. O homem não ouve o que não quer ouvir e não vê o que não quer ver. Simples assim. Os pratos do almoço ainda estão na mesa? Não é um problema. Basta empurrá-los um pouco para o lado e colocar o jornal em cima deles para ter todo o espaço necessário para as *pizzas* do jantar; e não ver as outras coisas. E o que não é visto não exige nenhuma intervenção. Por outro lado, quando moram sozinhos ou no máximo com um colega de faculdade, alguns homens conseguem manter em casa um saco de lixo que só precisaria de pezinhos para ir sozinho até o latão da calçada.

Mas o homem não pode fazer nada se a mulher é menos firme e se a percepção seletiva é menos acentuada em mais de 50% da população. Ele colocaria a xícara de café para lavar se ficasse incomodado ao vê-la sobre a mesa. Mas não é o que acontece. Ninguém vai querer dizer que a *pizza* de *peperoni* com *mozarela* e alho não está tão boa só porque a toalha da mesa tem algumas migalhinhas que sobraram do almoço, não é?

Um homem, cuja jornada de trabalho é marcada por encontros e reuniões, e que deve sempre planejar e prever prazos determinados, que corre de uma conferência a outra com o olho no relógio, não está disposto a se estressar no fim de semana porque a certa hora a cozinha deve estar arrumada. Ainda menos se a mulher ou companheira, à beira de uma crise de nervos, o intimou a fazê-lo em tom ameaçador. Ele vai arrumá-la, mais cedo ou mais tarde, quando terminar de ler o jornal, estudar o andamento das ações, selecionar as garrafas de vinho: em suma, quando tiver vontade (e este é o elemento decisivo). Quando será, só o céu sabe. As mulheres não têm senso de oportunidade e não sabem que existe um momento para tudo, até para fazer a arrumação.

Tudo a seu tempo, é o lema dele, e algumas vezes (geralmente, quando ninguém mais espera) o milagre realmente acontece e o homem passa à ação.

Por outro lado, o homem não teria nada contra colocar as xícaras embaixo do jornal, se no dia seguinte ainda estivessem sobre a mesa, e reutilizá-las. Foram usadas para beber café e seriam empregadas para a mesma função. Qual é o problema? Além disso, seria uma economia de eletricidade e água: nos últimos tempos esse é um bom argumento.

O mesmo vale para as montanhas de vidro, papel, latinhas e recipientes vazios: contornando-os, nem se notam e, enquanto se puder passar pelo corredor, não há nenhuma pressa. Ainda não é suficientemente importante.

O homem reage com perplexidade diante das crises histéricas e dos acessos de raiva da parceira, quando esta o recrimina porque ela – ela! – já lavou duas máquinas de roupa, esvaziou o lava-louça, limpou os vidros das janelas e arrumou o apartamento, enquanto ele teria apenas de cortar a grama do jardim e não o fez porque ficou sentado no banquinho lendo as instruções do cortador de grama e acabou adormecendo.

O Bobo da Corte conquista as mulheres fazendo-as rir (com inteligência).

"Agora" não quer dizer "já"

Nesse contexto é útil também refletir sobre palavras como "agora". Como se sabe, é um conceito que, assim como "daqui a pouco", é bastante fluido e significa apenas que cedo ou tarde um homem realizará a tarefa que lhe foi atribuída. Mas o "quando" não está escrito em nenhum lugar. Respondendo "logo", o homem se mostrou disposto a se ocupar do problema e portanto, na opinião dele, já fez o bastante. No entanto, como o modo de conceber os advérbios de tempo não coincide nos dois sexos, podem surgir daí incompreensões e desagradáveis situações de conflito.

A mulher que quiser evitá-las precisa esclarecer primeiro as definições conceituais. Do contrário, o homem disposto a cooperar poderá se sentir mal-interpretado e sua disponibilidade certamente diminuirá (ainda mais). O homem, que, como já dissemos, é um ser muito sensível, não consegue compreender o desapontamento de vocês: mostrou boa vontade e se declarou pronto a se encarregar (cedo ou tarde) da coisa; e mesmo assim é recriminado! O homem não compreende porque, para ele, o caminho é o fim, ou seja: o que conta é, sobretudo, a boa vontade. A eficiência nos serviços domésticos e nas questões privadas não deve ser considerada inata, visto que os recursos disponíveis são quase todos consumidos pelo grande esforço profissional.

Pôr a culpa na sogra porque passou as camisas do filhinho adorado, cozinhou para ele e arrumou a cama alguns anos além da conta seria demasiado simples. O fato é que, para os homens, a desordem pode continuar a ser desordem. Há coisas mais importantes que uma casa em perfeita ordem. Ou, como alguém disse: não raro a pressão no escritório é forte o bastante, e as louças sujas não deveriam ser motivo para aumentar o terrorismo psicológico. Do contrário, o homem interrompe tudo, sai do quarto e bate a porta procurando fazer o maior barulho possível.

Uma coisa de cada vez

É necessária uma dose maciça de compreensão e de disponibilidade para elogiá-lo e se contentar com o fato de ele fazer alguma coisa, cedo ou tarde. Se a mulher exigisse demais e perdesse a paciência, não se poderia atribuir a responsabilidade a ele, pois o maior erro é a falta de paciência.

O mesmo vale para as roupas íntimas espalhadas pela casa, as meias, os maços de cigarro (aliás, o melhor é convencê-lo a parar de fumar e parar você também), os restos de comida no sofá, a pasta de dentes no lavatório, os sacos de lixo abarrotados, e assim por diante. A lista pode ser ampliada à vontade, aconteça o que acontecer.

A mulher volta para casa estressada depois do trabalho, pendura o casaco no cabide, corre depressa à cozinha para preparar um prato saboroso que agrade tanto a ele como às crianças, toma a lição de casa da filha, recolhe do chão as peças do Lego do filho, irrita-se com a montanha de roupa para passar depositada no sofá da sala, fica ansiosa porque esqueceu de novo de marcar consulta no dentista, sente-se culpada porque ainda não ligou de volta para sua melhor amiga (sem filhos) que já lhe telefonou três vezes. E por tudo isso tem a sensação de que as coisas fogem ao seu controle. Enquanto isso, o homem também volta para casa, igualmente estressado, pisa nas peças de Lego do filho, faz um carinho na cabeça da mais velha e pergunta: "Tudo bem?", joga o paletó no *closet*, corre à geladeira e apanha a primeira coisa para comer que encontra e uma cerveja, senta-se no sofá, depois de empurrar a roupa para passar para o outro lado, pega o controle remoto e pergunta à mulher: "Você ligou para o dentista?" E nunca tem a impressão de que as coisas estão escapando de seu controle.

Mesmo que lá fora houvesse milhões de amigas dizendo: "Ele está fazendo de propósito. Reaja!", a resposta dela seria: NÃO. Ele apenas encontrou (de novo) a paz. Uma coisa de cada vez, é o seu lema; e enquanto encontra um lugar no sofá e cerveja na geladeira, o seu mundo está em perfeita ordem. Isso não tem nada a ver com má vontade, indiferença ou intenções particulares que lhe são frequentemente atribuídas de bom grado. Reflete apenas a natureza do homem.

O problema com os trabalhos domésticos é que as mulheres geralmente estão em vantagem porque sabem fazer tudo melhor. Por isso o homem que ajuda em casa resvala automaticamente para o pouco agradável papel de auxiliar ou colaborador, no qual por natureza não se sente à vontade. Sua autoridade inata é suplantada, não se sente valorizado o bastante. E, acima de tudo: não nasceu para os trabalhos menores. Quando a mulher critica o homem porque não passou bem o aspirador de pó ou não o limpou como devia, ele se sente como um rapazinho levando bronca da mãe por ter comido alguma coisa fora do horário das refeições. Não é de admirar que esse sentimento gere automaticamente teimosia e negação.

Para piorar as coisas, a dose de heroísmo dos serviços de casa (como no cuidado dos filhos) é pequena; portanto, mesmo que bem feitos, não trariam nem prestígio nem reconhecimento social.

A disponibilidade varia muito dependendo do tipo de tarefa. Problemas relacionados com o computador – instalação de programas, eliminação de vírus – geralmente são resolvidos muito bem. Trabalhos como colocar em ordem e fazer faxina ocupam posições muito baixas na lista das prioridades. Enquanto logo se dispõem a parafusar, usar a furadeira e realizar trabalhos de precisão, os homens demoram horas, se não dias, para esquentar o motor quando se trata de trabalhos de casa. Por que isso acontece? Muito simples: cada homem gostaria de ser um herói, e as xícaras de café lavadas não têm o mesmo valor do que a recuperação de um HD depois de um colapso total do computador. Os homens gostam de missões que trazem glória, cujo relato pode causar impressão. Desse modo conseguem muito mais reconhecimento. Quem pode recriminar um homem por ter adaptado sua lista de prioridades com base nas expectativas relativas a gratidão e elogios?

Organização é meio caminho andado

Embora há anos a indústria cosmética gaste bilhões, encarregando as agências publicitárias de veicular aos homens a mensagem de que eles também precisam se cuidar, usar sabonetes e cremes, fazer a barba e depilar-se onde convém fazê-lo, e embora essa indústria cosmética obtenha algum sucesso, ainda assim não se pode negar que o homem tende naturalmente a ser desleixado.

Quando se trata de trabalhos domésticos,
o Supertecnológico não tem a mínima ideia de como
usar uma máquina de lavar roupas.

Alguns ainda pensam que um homem só é verdadeiro homem se "fede" como Bruce Willis depois de, nas vestes de John McClane, salvar o mundo pela enésima vez em *Duro de matar*. É uma pena que às vezes os homens comuns façam muito menos que isso.

De acordo com a lógica masculina, não há nenhuma necessidade de esvaziar a mochila ao voltar da academia para secar *shorts* e camisetas molhadas de suor. E seria de esperar que os maridos soubessem que, de vez em quando, também convém abrir as janelas para renovar o ar.

Não se trata, porém, de um olfato pouco desenvolvido, porque o homem sabe muito bem apreciar um bom charuto ou um uísque envelhecido há décadas ou um perfume feminino sedutor. E então, do que se trata?

"Organização" no intelecto masculino não é igual a organização. Enquanto os discos, os documentos bancários, os livros e as edições de *National Geographic* precisam seguir uma ordem rigorosa, seja ela cronológica, alfabética ou de qualquer outro tipo, uma bomba parece ter explodido nos móveis da cozinha, nas gavetas, na despensa e no banheiro. É preciso estabelecer algumas prioridades e não podemos nos ocupar de tudo ao mesmo tempo, porque as coisas menos importantes não devem prevalecer. O que é importante e o que não é, porém, é um ponto sobre o qual, infelizmente, homens e mulheres nunca estão de acordo. Quem se importa com um pouco de pasta de dente na pia do banheiro quando é preciso reorganizar os documentos?

Um motivo das constantes diferenças de opinião, e não apenas no que diz respeito à organização, mas também à limpeza e ao aspecto da casa, é a diversidade dos parâmetros de avaliação que homens e mulheres aplicam ao seu ambiente. Não existe nenhum motivo racional para arrumar a cama todos os dias, tirar o pó dos livros na estante e afofar as almofadas do sofá, a não ser o fato de que essas são coisas importantes para as mulheres.

É um fato irrefutável que os homens conseguem viver na bagunça melhor do que as mulheres, e será sempre assim, ao menos enquanto futuramente não se autorizar a manipulação genética em seres humanos. O homem vê a insistente solicitação para limpar e arrumar como um ataque à sua liberdade, e sua paz espiritual é perturbada por causa disso. Mesmo que a louça fique pelo caminho, ninguém tem nada com isso. O presidente da República não anunciou uma visita oficial, o mundo continuará a girar e a Terceira Guerra Mundial certamente não vai ser deflagrada por causa de duas xícaras sujas. Então, onde está o problema?

Discussões conjugais

Ela: Se eu morresse de repente, você se casaria de novo?

Ele: Claro que não...

Ela: Não? Por que não? Não está feliz por ser casado?

Ele: Ah, sim... O que isso tem a ver?

Ela: Tem a ver sim. Por que não voltar a se casar, se gosta do casamento?

Ele: Tudo bem, então, voltaria a me casar, se você prefere assim...

Ela (com expressão de tristeza): Ah, voltaria a se casar...

Ele: Ah, sim! Não era disso que estávamos falando?

Ela: E dormiria com ela em nossa cama?

Ele: E onde você gostaria que ela dormisse?

Ela: E trocaria minhas fotos pelas dela?

Ele: Acho que sim... é claro...

Ela: E deixaria que ela dirigisse o meu carro?!

Ele: Bem, não, ela não tem carteira de motorista...

Ela: (silêncio)

Ele: Ai, caramba...

IV
Manual de instruções do espírito masculino

O que os homens sentem e... escondem

Os homens têm muita dificuldade em manifestar seus sentimentos. Muitos prefeririam caminhar sobre brasas ardentes a mostrar aberta e claramente o que sentem: quase sempre escondem suas emoções, sobretudo as negativas.

A tristeza é ocultada atrás de uma máscara e eles se tornam especialistas em conversa fiada para não contar nada de pessoal.

Manifestar os próprios sentimentos, assim como admitir que se está doente, pareceria uma fraqueza, algo pouco viril. Embora muitas mulheres acreditem que os homens não choram, eles o fazem, e como!, mas sempre às escondidas e, se conseguem se controlar melhor em público, é apenas porque a ciência recentemente demonstrou que o saco lacrimal deles é maior e represa mais líquido antes de deixá-lo fluir. Escondem o choro porque secularmente foram educados com a ideia de que devem se envergonhar dele, por ser uma manifestação reservada às mulheres.

Hoje em dia, é difícil ouvir uma mãe pronunciar a frase: "Homem não chora". Mas as mensagens que chegam pela televisão e pelo cinema ainda contêm a ideia do homem "duro", e vai demorar para esse clichê cair em desuso.

As costas de um homem servem para receber tapinhas

Pouco a pouco os homens estão aprendendo a manifestar seus sentimentos. Por enquanto, restringem-se aos positivos, como a alegria, o orgulho e a animação. Pensem nas manifestações eufóricas dos jogadores que saem do campo depois do gol para compartilhar o sucesso com os torcedores. Às vezes, quando o resultado é ótimo, podemos até ver um esportista chorar. Pensem em quanta felicidade Barack Obama expressava ao caminhar junto com a esposa no dia da posse na Casa Branca, orgulhoso por ser o primeiro negro dos Estados Unidos a ter conquistado o papel mais poderoso do mundo.

O álibi que permite que um homem manifeste seus próprios sentimentos parece ser, portanto, a comemoração, o inusitado do evento. Só assim ele não precisa ficar preocupado por manifestar livremente os sentimentos. Então ele ri, fica feliz, pula de alegria, bebe, canta, abraça os amigos, enche de tapinhas as costas do outro (rigorosamente apenas entre homens). No entanto, quando seu coração está repleto de tristeza, medo, raiva ou preocupação, o instinto o aconselha a se esconder na caverna, sozinho, e não se mostrar ao grupo. Trata-se de atitudes primordiais que o homem moderno já poderia ter abandonado sem comprometer sua masculinidade. Hoje o homem pode ceder também às emoções negativas, sem se tornar objeto de desprezo social e sem ser ridicularizado. Teoricamente ele até tem consciência disso. Colocá-lo em prática é outra história.

Nem vamos falar da intenção de elaborar a relação a dois, de examinar os sentimentos e os medos. Por mais que um homem se mostre seguro de si em relação ao trabalho, vira um bebê quando tem de admitir que alguma coisa na vida sentimental não vai bem. Em vez de enfrentar a situação, esconde-se atrás do jornal ou faz horas extras, vai jogar futebol ou até rompe a relação. Tantas horas extras no escritório não devem necessariamente significar que ele tem uma amante. Pode simplesmente ser sintoma de uma crescente aversão a voltar para casa e a falar de sentimentos.

Fraqueza? Como se escreve?

Dissemos que quase todos os homens têm muito medo de parecer pouco másculos ou de despertar compaixão. De fato, hoje como no passado, é enorme o número dos que são incapazes de admitir suas próprias fraquezas até para si mesmos. Ao invés disso, preferem passar por insensíveis e indiferentes, mesmo quando estão interiormente dilacerados.

Manter as aparências diante dos colegas, da vizinhança, das pessoas que frequentam o ambiente deles é muito importante. Os sentimentos só podem ser mostrados em casos excepcionais, ou nos "oásis" onde ninguém sonharia em julgá-los, como, por exemplo, na casa da mãe.

Sem dúvida, embora possa parecer o contrário, o homem também pode estar triste, hesitante, abatido... exatamente como as mulheres. Mas faz de tudo para não ter de admitir isso, e o faz procurando ignorar aquilo que está sentindo, comprimindo-o dentro de si como uma mola de aço (pronta a pular no ar assim que é suprimida a força que a esmaga). No decorrer dos séculos, o homem conseguiu desenvolver a capacidade de ignorar os próprios sentimentos em níveis que não é difícil perceber. Com isso, se protege das situações que mais detesta e teme: descobrir-se objeto da compaixão dos outros. Ao invés disso, ele quer ser sobretudo invejado, do contrário não competiria com seus semelhantes para ter o carro mais potente, o salário mais alto e a namorada com o busto mais exuberante. Há – infelizmente – homens que se casam e têm filhos apenas para demonstrar ao mundo que, graças à sua capacidade de controlar a situação e de dominar os acontecimentos, conquistaram uma condição social que lhes permite manter um pelotão inteiro. Seu namorado certamente a presenteou com um magnífico anel para agradar você, mas, acima de tudo, para demonstrar a si mesmo que podia comprá-lo.

Sem comentários!

Manter a fachada de "está tudo bem" não é tarefa indolor. Ao homem pode custar uma dose maciça de força, de energia e de imaginação. Mas, como dizia alguém, "imagem é tudo". Também em um relacionamento. É uma pena que as mulheres não gostem nem um pouco de tanta calma exterior, especialmente quando é forçada. As mulheres, como se sabe, gostariam de saber tudo o que o seu homem está pensando, minuto a minuto. A tática masculina de mascarar os sentimentos, portanto, se choca contra a incompreensão, a raiva e, não raro, o desespero de quase todas as suas parceiras.

Isso acontece principalmente por duas razões. Em vez de apreciar o imenso gasto de energias que ele empregou para conseguir reprimir as emoções, as madames tornam tudo mais difícil porque não têm a intenção de negar o problema em curso – seja ele qual for – como ele está fazendo. As mulheres não se deixam enganar pelas aparências, mas este vício de tirar o véu que cobre as mazelas – o que para elas equivale a manter os pés no chão – é interpretado por ele como uma maneira gratuita de colocar sal na ferida; sente-se injustamente posto contra a parede e submetido a um interrogatório cerrado.

Vamos imaginar a cena de duas pessoas apaixonadas na montanha que passam juntas uma noite de sábado (até aquele momento) perfeita. Ele esquiou o dia inteiro como um profissional, depois lhe ofereceu um jantar maravilhoso em um restaurante famoso onde beberam também um ótimo vinho que o garçom lhe serviu para provar como se tivesse reconhecido nele um especialista. Fizeram um passeio e aqui estão abraçados juntos na cama, relembrando os acontecimentos do dia. Ele está deliciado com seus próprios feitos heroicos, um sorriso orgulhoso enfeita seu rosto e se sente um rei. E ela, ao contrário, o que faz? Faz perguntas.

"O que você está pensando agora?" "O que você sente por mim?" "Você me ama?" "Quanto sou importante para você?" "Do que você tem medo?" "Você não confia em mim?"

E espera que ele responda.

Diante de perguntas como essas, 90% dos homens reagem da mesma maneira: se fecham como uma ostra e começam a imaginar como encerrar a noite o mais rápido possível.

Ninguém sabe por que as mulheres continuam a fazer esse tipo de perguntas mesmo que, na lembrança do homem, jamais tenham obtido as respostas que desejavam ouvir. Talvez, alfinetando-o, acreditem conseguir criar maior confiança, fazer com que seu companheiro se "revele". Sem se dar conta, ao contrário, estão pretendendo um feito impossível: pedir-lhe que destrua a própria fachada.

Se se deseja induzir um homem a falar de sentimentos, é preciso, quando muito, criar uma atmosfera em que ele se sinta à vontade. No fundo, os homens preocupam-se muito com suas emoções, ainda que naturalmente jamais o admitiriam. Não se pode levá-los a suspeitar uma espécie de compaixão em relação a eles; ao contrário, é preciso sempre dar a impressão de que eles têm a situação sob controle. E de que qualquer coisa que serão convencidos a fazer será iniciativa deles. Só nesse caso existe uma possibilidade concreta de que se "abram" e revelem sua vida interior. E não se pode nem sequer apostar que o truque funciona para todos.

As mulheres devem conformar-se com a ideia de que o homem nunca será particularmente sensível aos sentimentos alheios (basta pensar na expressão impiedosa que conseguem manter quando põem fim a uma história, como se tivessem descoberto que, em vez da mulher que amavam, fôssemos as assassinas do seu gato). E se os homens realmente têm dificuldade em compreender os sentimentos dos outros, as mulheres buscam consolo nas amigas, que lhes enxugam as lágrimas; sabem que é inútil esperar que o homem lhes ofereça um ombro prestativo para chorar.

As exceções obviamente confirmam a regra, desde que se tenha a rara sorte de encontrar uma delas.

Inútil dizer que o Super-homem é aquele tipo de homem à Edward Cullen com quem a maioria das mulheres sonha encontrar e ter como marido.

Você é o melhor!

Dizem que as mulheres amadurecem antes (e talvez melhor) do que os homens, por terem sido geradas por um ser do mesmo sexo, enquanto os homens se sentem por toda a vida "filhos" de suas mães. Talvez seja precisamente esse o motivo pelo qual os homens querem ser elogiados a vida inteira, como bons meninos. E as mulheres que se atêm a essa regra terão a vida fácil. Ponto-final.

Mas se a questão pudesse ser resolvida com tanta simplicidade, não seria preciso encher as estantes das livrarias com volumes sobre as relações entre homem e mulher, e as revistas femininas não estariam (desde sempre) repletas de artigos e testes que ajudam a compreender melhor nosso homem.

De fato, a arte de elogiar bem não é simples. A mulher que elogia o seu homem não pode ter inibições (leia-se: deve ter cara de pau), deve ser convincente e manter uma constante presença de espírito para pronunciar frases do tipo: "Que ótimo, você já carregou as malas para cima!", ou "Nossa, seu macarrão com manteiga está tão gostoso quanto o que minha mãe faz!" Um pouco de disfarce e exagero não faz mal a ninguém. Não é preciso temer que o elogio pareça irônico porque ele, convencido de que merece ainda mais do que vocês estão reconhecendo, nunca terá a mais leve desconfiança de que está sendo vítima de uma carinhosa zombaria. Em relação a isso os homens são excepcionalmente pouco sensíveis.

Para fazer um homem feliz, porém, nem sempre bastam belas palavras. Muitas vezes é preciso um pequenino reconhecimento sob a forma de um olhar de admiração. Vamos supor que se trate do colega a quem vocês querem impressionar. Para atrair a atenção dele, poderia ser suficiente dizer-lhe que é um gênio só porque, no refeitório da empresa, teve a esperteza de misturar a água gaseificada demais com água sem gás. Seja como for, não há nada pior para um homem que não receber da mulher suficiente valorização por um serviço realizado. No ditado "atrás de cada grande homem, há sempre uma grande mulher" está subentendida a conclusão "que o elogia o tempo todo".

No entanto, a mulher que mantém o espírito crítico (sensato, na opinião das amigas; injustificado, segundo o homem que é objeto dele) e que redimensiona os excessos de entusiasmo sobre os menores feitos do seu homem, conservando os formais apenas para os eventos que realmente os merecem (portanto, não o simples fato de ter levado um saco de tijolos para cima, mas toda a construção do edifício mais alto da cidade), é considerada mesquinha. A mulher que, pensando ser estimulante, adota o método de morder sem assoprar, ou seja, está acostumada a fazer mais críticas que elogios, deverá contar com uma vida sentimental bastante complicada (ou a limitação de ter de escolher o próprio companheiro apenas entre os indivíduos esquisitos e masoquistas).

Não apenas na cama, portanto, cabe elogiar o homem independentemente da duração e da qualidade do serviço. Se vocês organizam uma festinha entre amigos e se encarregam dos convites, de fazer as compras, de preparar as saladas, cortar os legumes, cuidar das crianças, pôr a mesa, colocar as bebidas para gelar, não se espantem se depois o seu homem espera ser elogiado publicamente por ter feito o *download* da música e acendido a churrasqueira.

As coisas que um homem jamais gostaria de ouvir uma mulher lhe dizer naqueles momentos

- Mas vocês são todos assim engraçados quando estão nus?
- Você me acordou só para isso?
- É você que está com esse cheiro ruim ou alguma coisa está queimando?
- Ah, por favor! Chantili me dá ânsia de vômito!
- Você quer saber se é minha primeira vez? Hoje, sim.
- Vamos rápido; o motel é por hora.
- Zzzzzzzzzzz...
- Pensando bem... talvez seja melhor apagar a luz...
- Tente não borrar minha maquiagem.
- Por que sempre eu tenho de fazer o trabalho mais pesado?
- Você percebeu que o teto precisa de uma nova pintura?
- Talvez você só esteja fora de forma...
- Se você parasse de fumar, talvez tivesse mais resistência.
- Não... de verdade... daqui em diante é melhor eu continuar sozinha...

• Talvez fosse mais divertido se convidássemos também o seu amigo.

• Nossa! Você é quase tão bom quanto o meu ex!

• Você transpira mais que alguém com febre.

• Agora entendo por que ela te deixou.

• Pensar em alguém de quem realmente gosto talvez ajudasse.

• Não ligue: eu sempre lixo minhas unhas na cama.

• É por isso que te chamam de Flash Gordon?

• Posso ser honesta com você?

• Isso explica a potência do motor do seu carro.

• Já fumei baseados maiores.

Oportunidades iguais

O desejo masculino de ser elogiado é inversamente proporcional à dificuldade de dizer coisas carinhosas para os outros. Ou melhor: quanto mais distante e inalcançável está uma pessoa (até mesmo por um computador), mais fácil é para o homem enaltecê-la e fazer-lhe elogios. A esposa está perto demais, é uma conquista já feita. Por isso pode acontecer que reserve às estranhas presentes e elogios mais importantes do que os que concede a ela. A mulher deveria sempre ter o seu companheiro um pouco sobre o fio da navalha. É também mais divertido.

Felizes, enfim, aquelas que têm ao seu lado aquele tipo de homem que se desvela em assegurá-las sobre suas capacidades, em vez de aceitar a ideia preconcebida de que a mulher é menos capaz, e que compartilha serenamente essa sorte genética. Ouvir um homem admitir que uma mulher sabe dirigir melhor que ele é um milagre que deixa sem palavras.

O efeito bumerangue

Elogio e reprimenda estão frequentemente ligados, e a mulher que chama a atenção de um homem (no pior dos casos, publicamente) deve ter consciência do que provoca na sua sensibilidade reprimida. O homem está sempre convencido de que agiu para o bem (mesmo que, às vezes, para o seu próprio bem), que escolheu o mal menor. Quando é repreendido, sente-se como um menino pego com a mão na cumbuca, mas dificilmente admite que merece a bronca.

Para acalmar a tempestade o mais rápido possível, está disposto a não se defender, não se sente no dever de fornecer explicações ou justificações, e assume toda a culpa para acabar logo com aquilo. Enquanto observa os lábios da sua mulher que se queixa, mas não ouve o que ela diz, pensa na próxima rodada do campeonato, relembra as imagens de sua atriz preferida de biquíni na "Ilha dos famosos" e pregusta a cerveja gelada que beberá sexta à noite com os amigos. Esconde-se atrás de sua couraça.

É por isso que as recriminações e os sermões femininos permanecem praticamente sem efeito. E seu efeito diminui à medida que são repetidos. "Ela está com os famosos 'cinco minutos'", pensa o homem com um levantar de ombros, ou "Está com TPM". E nem lhe passa pela cabeça levar a sério uma palavra dela. Por que deveria fazê-lo?

Conflito de competências

Todos conhecemos ao menos uma amiga que tem pleno controle de sua vida. No trabalho, revela senso de responsabilidade e capacidade de se impor, tem um amplo círculo de amigos, pratica esportes regularmente, recentemente se encarregou da reforma do próprio apartamento e, quando seu carro para de funcionar, ela mesma dá uma olhada no motor antes de chamar o socorro mecânico.

Tudo está em perfeita ordem. Falta apenas o homem para a vida, e ninguém entende por que ela não consegue preencher essa lacuna. Encontra continuamente homens interessantes e alguns deles, por sua vez, também estão interessados nela, inicialmente. Mas somem logo depois do segundo encontro, alegando desculpas esfarrapadas, ou até sem nem sequer sentir a necessidade de dá-las. Por quê?

É simples. As mulheres que sabem fazer tudo sozinhas e não pedem ajuda fazem com que os homens se sintam inferiores, inúteis. Ao lado de uma mulher assim, o homem não entende que papel deve desempenhar: um problema bastante – ou até muito – sério que, nas piores formas, pode levar à depressão o homem que ainda não conseguiu fugir.

As mulheres muito seguras, portanto, tornam os homens inseguros. Até há pouco tempo, alguns âmbitos da vida privada eram de competência exclusiva deles. Dotados de maior senso de direção, eram melhores para encontrar o caminho certo para o pitoresco vilarejo da montanha, meta da romântica viagem de namorados. Mas agora existem os GPS. Não há mais necessidade da força bruta para capturar o lobo cuja pele servirá para aquecer a prole.

Os campos em que os homens podiam sobressair encolhem cada vez mais.

Temendo ver extinto o seu papel – que jamais aconteça que as pesquisas com células-tronco levem a descobrir o segredo de uma procriação sem a ajuda deles! –, os homens estão desenvolvendo certo medo das mulheres fortes. Não sabem como se comportar com uma concorrente tão independente e realizada, e tão diferente de seu modelo de referência, a mãe. Isso não vale tanto em relação ao trabalho, porque ali os homens aprenderam que as mulheres podem reservar algumas surpresas (e, ainda assim, aquelas que as desenvolvem são rotuladas como "machonas", "megeras" e assim por diante), e sim na esfera privada. Além de ter medo como da peste que uma mulher, com sua língua afiada e sua inteligência, o faça fazer um papelão diante de amigos e colegas, nenhum homem jamais gostaria que lhe lançassem no rosto sua incapacidade.

Por isso, todas as situações em que a mulher se revela superior ao homem contêm um alto potencial de conflito. Se ela, por exemplo, não aceita as desculpas que, passados três meses da mudança para a primeira casa juntos, o impediram de pendurar os quadros, de organizar os caixotes na garagem ou de montar os lustres, e põe mãos à obra resolvendo tudo rapidamente, a paz doméstica da recém-inaugurada convivência entrará em uma fase de sério perigo. Porque ele fica profundamente envergonhado quando ela demonstra que lhe é superior em todos os campos, com o lógico corolário da sua total inaptidão. O resultado: ela demonstra que não depende dele, mas ele fica ofendido para sempre. Às vezes custa menos pagar um empregado para fazer o trabalho, pedindo o reembolso ao companheiro.

Ficção e realidade

Ninguém pode negar que o homem tem uma predisposição natural para ser um canastrão. Mas, se conta com um público bem disposto a ouvir a sua história (melhor se for um público feminino), obviamente ele se reserva o papel de protagonista. Já dissemos que vive com a máscara no rosto. Mas ele gosta sobretudo de subir no palco, contar detalhadamente as transações concluídas, as negociações difíceis e outros eventos do seu dia que lhe permitem atrair a atenção como se fossem perigosas expedições na selva. Além disso, uma latente tendência ao exagero e ao excesso não deve ser contada em seu desfavor, e sim considerada um elemento para criar uma tensão – nesta perspectiva – perfeitamente legítima.

Vamos supor, por exemplo, que no primeiro encontro romântico o homem conte como uns dois anos antes viajou pela Europa com seu melhor amigo, num jipe feito com peças de desmanche que ele mesmo montou, e que o veículo em questão superou inúmeras dificuldades graças às suas mãos de ouro. Se depois acabam tendo uma pane, e ele não consegue nem sequer abrir o capô do carro dela, a mulher não deveria ser severa demais. Isso quer dizer que o fez apenas para lhe causar uma boa impressão e, portanto, por motivos extremamente nobres!

Mas era assim, ou não?

Para o homem, uma pequena mentira por uma finalidade nobre é ficção. Só que depois ele utiliza a ficção de maneira flexível, ou melhor, em seu próprio favor. Isso, infelizmente, nada tem a ver com o hemisfério cerebral direito ou esquerdo, com a predisposição genética ou com estranhos processos biomecânicos que se verificam no interior do corpo masculino, e sim apenas com o fato de que o homem realmente acredita em si mesmo e nos próprios sucessos e, portanto, na versão que deu da sua história.

Que para fazê-lo recorra a pequenos artifícios, um veleiro emprestado, para impressionar a mulher, ou a foto que ele mesmo "tirou" (com a máquina de seu melhor amigo), é algo humano. Ou melhor, masculino. Aliás, quando o homem flerta, não pode se distrair e se desviar para fornecer explicações inúteis, que não apenas custam tempo e dinheiro, mas também põem em risco a iminente vitória.

Obrigado a falar, muitas vezes não lembra exatamente (e isso também não é fingimento, é assim mesmo) o que realmente aconteceu e quais floreios acrescentou no ímpeto do combate. Na cabeça dele, realidade e ficção se misturam em uma história genial e, antes de se dar conta disso, já a contou. O fanfarrão, aliás, é a encarnação extrema do mentiroso, mas nem mesmo ele pode ser julgado com demasiada severidade, porque acredita no próprio desempenho e, portanto, não pode alimentar nenhum sentimento de culpa por causa de seu comportamento.

No fundo, esta relação flexível entre ficção e realidade nos revela muito da capacidade de se impor do homem e da absoluta vontade de sucesso com a qual realiza uma coisa ou outra. E tudo isso apenas para salvar o traseiro (de preferência musculoso) com a ação.

Querem conhecer Obama? O Pretensioso pode chegar até ele com muito menos que os famosos seis graus de separação.

Remetente e destinatário

Os culpados pelo fato de as mulheres não aceitarem muito bem essas grandes e pequenas mentiras e se irritarem com elas certamente são os homens. Naturalmente, não se contesta aqui que o desempregado, que dia após dia sai pontualmente de casa como se fosse para o trabalho e conta diariamente à esposa casos do dia passado no escritório, enquanto na verdade vagueia pela cidade e não sabe como fazer passar o tempo até o fictício fechamento do próprio escritório, atingiu o ápice do engano (mais ou menos maldoso, dependendo dos casos). Mas a confiança cega das mulheres influencia negativamente a imaginação do homem e a relação dele com a realidade. No entanto, a afirmação de que os homens são um bando de mentirosos, que não estão nem um pouco interessados em buscar a verdade nem em considerar os fatos como eles são – não raro desconfortáveis –, não seria tão fácil de sustentar: não raro o desejo é pai do pensamento, e quem deseja ardentemente ser um herói cedo ou tarde vai se tornar um herói. Mesmo que apenas em seus próprios relatos.

Na pior das hipóteses, as mulheres só descobrem as mentiras quando entra em jogo a infidelidade e a tentativa do companheiro de iniciar outro relacionamento. Para um homem não existe nenhuma contradição em dizer à mulher que ainda a ama e que sua escapadela não tem nada, mas nada mesmo, a ver com o relacionamento autêntico deles, que ele certamente não gostaria de interromper. Ele realmente pensa assim.

O mesmo vale para negócios financeiros arriscados que a companheira, provavelmente com razão, não vê com bons olhos, enquanto ele rebate que tem a vitória nas mãos e que nada pode dar errado. Se por fim a coisa realmente desanda, isso decerto não estava previsto e sequer é mencionado.

Quem, nesse contexto, atribui más intenções ao homem comete um erro, quando deveria pensar primeiro nos sofrimentos que o insucesso e a derrota lhe causam. E dar-lhe apoio. Pode parecer que se quer demais, mas no fundo uma das virtudes femininas não é precisamente a inteligência emocional? Nesses casos, a mulher tem a oportunidade de testá-la.

Meninos para sempre

O que a *nécessaire* é para as mulheres a caixa de ferramentas é para os homens... e também os carros, os motores e qualquer tipo de equipamento, o porão para os *hobbies*, o churrasco, o trenzinho elétrico.

Inúmeros homens se alegram porque o filho está prestes a completar cinco anos: finalmente eles podem desempoeirar do esquecimento o seu trenzinho elétrico e brincar sem ter que dar satisfações a Deus e – sobretudo – à mulher. Muitos continuam meninos por toda a vida, só que alguns disfarçam melhor, outros pior. É por isso que os filhos homens sempre terão a qualidade de menininhos: quem cuida desse aspecto são os pais que, tomados pela saudade, podem reviver suas antigas paixões e assim transmitem aos filhos o interesse pelas construções, as escavadeiras, as betoneiras etc. Não por acaso um famoso ator pornô italiano, quando decidiu construir uma piscina na sua mansão na Hungria, preferiu comprar uma escavadeira e fazer o trabalho sozinho, em vez de pagar um operário para fazê-lo. A oportunidade era boa demais.

Os homens gostariam tanto de compartilhar a escavadeira com suas mulheres. Mas as mulheres não parecem interessadas. Por que será?

Se vocês têm um parceiro Maratonista, preparem-se
para acompanhá-lo com a língua de fora.

V
Estratégias de relacionamento

O caçador como colecionador

Mesmo que, depois de passar uma noite com as amigas numa casa noturna – onde, apesar de poderem conseguir mais homens que sardinhas na pesca de arrastão, todas as solteiras voltaram para casa desacompanhadas –, vocês possam duvidar do que diremos a seguir, aceitem a ideia de que o homem está sempre caçando. Ele está à caça de (jovens) mulheres, do celular mais sofisticado, do último modelo de carro, do computador com processador mais rápido, da tevê com tela mais plana, da melhor safra de determinado vinho ou, simplesmente, da juventude perdida. Esta última é o motivo pelo qual os homens buscam mulheres jovens ("Emanam alguma coisa que afasta o medo do fim", disse certa vez um famoso jornalista italiano). Todas as outras caças são coisas que elevam automaticamente as cotações do proprietário. Quando o índice de invejabilidade do troféu cai como o Dow Jones, é trocado sem remorsos por outro modelo mais novo e mais desejável. Eis por que se fala tanto da associação "mulheres & motores": para o homem, sentimentos à parte, os dois elementos – se bem chamativos – suscitam no próximo o mesmo respeito. E as mulheres devem simplesmente aprender a conviver com esse fator.

Devido à paixão inata por coleções, os homens têm também uma fraqueza pela acumulação dos apetrechos necessários para seus *hobbies*. Enchem com eles as garagens, despensas, sótãos, quando disponíveis. Do contrário, os escondem por todos os cantos, atrás da porta do quarto, embaixo da cama, em cima dos armários. E os carregam consigo a cada mudança. Reduzi-los com uma seleção é impensável: significaria sepultar a sensação de que é possível deter o tempo. E, mesmo prescindindo disso, uma coleção de discos antigos, por exemplo, garante ao homem uma estabilidade emocional que não deve ser menosprezada.

O homem não é nem sequer imune à paixão pelas compras. Se nas mulheres ela se volta sobretudo para sapatos, roupas e bolsas, ele fica louco (com o álibi de sua utilidade) com a aquisição de artigos que abasteçam a sua caixa de ferramentas (peças de reposição, parafusos, chaves de fenda) e aparelhos tecnológicos em geral. Vejamos um exemplo. Na divisão de eletrônicos de uma grande loja de departamentos há aparelhos de DVD em oferta. O homem já possui um aparelho novo e está bastante satisfeito com os recursos que ele oferece, mas aquele em oferta tem uma função extra muito interessante que o de casa não tem. Como o preço realmente está bom, o homem não hesita muito e compra o objeto.

Se a maioria dos homens detesta fazer compras no supermercado no sábado, há uma minoria que, ao contrário, adora percorrê-lo em toda sua extensão com o folheto de ofertas nas mãos. E volta da expedição trazendo para casa uma porção de potes de iogurte de frutas que comprou por um valor irrisório, sem se dar conta de que perdem a validade no dia seguinte. Então, tentará se empanturrar com eles e, mesmo se quase todos os potinhos de iogurte estiverem na lata de lixo dois dias depois, não será preciso recriminá-lo, porque no fundo ele simplesmente seguiu seu instinto inato de caçador.

É precisamente esse instinto que lhe permite economizar tempo e não raro também dinheiro quando compra uma camisa. As compras da mulher, ao contrário, também possuem um valor social (são feitas com as amigas, incluem uma pausa para um café com bolo no *shopping*) e constituem uma medida de valor fortemente antidepressivo. Outra diferença é que a mulher passa muitas horas nas butiques, nos *shoppings* e nas lojinhas; percorre até diversas centenas de quilômetros num único dia, corre de uma loja para outra; experimenta tudo, não consegue se decidir e, no fim, compra aquilo que havia visto no início; o homem, em contrapartida, age de uma forma muito mais eficiente. Mira o seu objetivo sem se deixar distrair por aquilo que o cerca, dirige-se para sua loja preferida (que só é a preferida porque ele nunca entrou em outras), vai direto para a seção de camisas, apanha o modelo que lhe cai bem em três cores diferentes (gostaria de comprar as três da mesma cor, mas sua mulher o impede de fazê-lo). Paga e sai rapidamente, como se estivesse sendo perseguido. Não se importa nem um pouco se na loja ao lado as mesmas camisas custem vinte reais a menos, ou se poderia comprar também aquelas duas calças que combinam tão bem com as camisas. As calças não estavam na lista dele. Por que as mulheres não entendem?

Pontos críticos

Com exceção de alguns casos destinados a terminar mal (durante um casamento, ouviu-se o noivo dizer aos amigos, em particular, que a noiva ria demais, mas que ele a ensinaria a viver com seriedade), dificilmente o homem tem a intenção de mudar a mulher que escolheu. Na maior parte dos casos, ele a aceita do jeito que ela é. Se não lhe agradasse, não a teria transformado em sua companheira. Simples assim.

As mulheres, ao contrário, têm a tendência a querer mudar o homem, convencidas de que é uma maneira de salvá-los (do alcoolismo, da droga, ou mais simplesmente das roupas de mau gosto).

Por outro lado, as mulheres tendem a ter a mania de mudar as coisas. No restaurante, não conseguem pedir um prato sem mudar três vezes de ideia sobre o acompanhamento (incomodando o garçom com seus estranhos pedidos).

Um homem pode protestar quando a companheira vem para a cama com o pijama de flanela por três noites seguidas, ou com a máscara de beleza no rosto, porque não corresponde à imagem das mulheres que vê nos jornais e nos filmes (ou à imagem que ela dera de si mesma antes de ter intimidade com ele). Mas dificilmente lhe pedirá para mudar o jeito de vestir, de se pentear, de se comportar. Quando o faz, há um problema profundo a ser resolvido. Como dissemos, se não gostasse dela do jeito que era, não a teria escolhido. Os homens geralmente amam a mulher que têm ao seu lado precisamente pelas manias dela. E se o fogo um dia apagasse, procurariam outra, geralmente mais nova. Mas é quase certo que da boca deles jamais sairão críticas.

O que não querem que façam a vocês...

Precisamente porque ele jamais sonharia em fazer aquilo com ela, o homem se irrita e fica nervoso se a mulher fica sempre em volta dele, recriminando-o porque a camisa não combina com as calças, não fez a barba, bebe cerveja demais quando está com os amigos, sorriu mais que o necessário para a jovem caixa do supermercado, joga a cinza do cigarro nos vasos da varanda, abre uma nova garrafa de água sem antes se dar o trabalho de olhar na geladeira e ver se não há uma já começada.

Assim o homem tem a impressão de estar numa instituição correcional, e não está errado. Ora, ele só quer ser ele mesmo! Um direito que jamais negaria à companheira.

Críticas demais, portanto, podem ser contraproducentes porque nem sempre querer é poder. E, além disso, as mulheres precisam aprender que é tempo perdido: os homens não mudam, por mais que tentem educá-los. Se por algum motivo se virem obrigados a mudar, pode-se ter certeza de que no terceiro ano de casamento terão uma recaída ou arranjarão uma amante. Quem nunca conheceu um daqueles viúvos que, depois do desaparecimento da mulher que o mantinha na linha, revela aspectos inéditos (geralmente negativos) do seu caráter? É melhor usar o tempo empregado em duras críticas para distribuir elogios entusiásticos, porque esse é o método mais apropriado para atingir o objetivo.

Vamos nos ater, portanto, ao pressuposto de que na relação a dois os homens são mais tolerantes que as mulheres. "Viva e deixe viver" é o lema deles, e não compreendem por que as mulheres se agarram obstinadamente a detalhes de pouca importância. Em outras palavras: "Deixe-me em paz e eu deixo você em paz" é a mensagem silenciosa do homem e, seguindo-a, tudo funciona. Em certas circunstâncias e situações, os homens se irritam menos do que as mulheres, e isso se deve ao fato de que, desde o nascimento, encaram a vida (ao menos a particular) de forma mais relaxada, sem se preocupar demais com sutilezas.

Manobras evasivas

No entanto, não se deve pensar que não existem também homens que evitam as críticas apenas para fugir de brigas e do estresse. Muitos já experimentaram a diabólica capacidade das mulheres de se vingar com a greve do sexo, das gentilezas e com qualquer outra negação de partes de si mesmas que agradem ao seu homem. As mulheres também não sabem aceitar uma crítica, mas dão o troco. E os homens preferem evitar aquele troco. Além disso, sempre se admitem as mentiras emergenciais.

No fim das contas, para os homens quase todas as críticas feitas pelas mulheres não passam de bobagens pelas quais não vale a pena discutir. As más línguas poderiam falar de fuga do conflito e de solução de conveniência, ou até afirmar que se trata de uma forma de boicote para enfraquecer o adversário. O homem rebateria simplesmente dizendo: "É preciso estabelecer algumas prioridades".

Próximos, porém distantes

Se se consideram as diferentes necessidades dos homens e das mulheres em relação à proximidade e à distância, chega-se espontaneamente à conclusão de que os dois sexos não concordam de modo algum.

Pensando bem, e com a experiência, percebe-se que os homens têm mais necessidade de espaços onde se isolar, e nenhuma mulher jamais conseguirá mudar esse fato. Se se reconhece isso e se aceita como um dado concreto, pode-se apostar – ou pelo menos esperar – que homem e mulher encontrem um pouco de felicidade juntos, com muita capacidade de identificação, paciência e também um pouco de sorte.

De vez em quando, os homens precisam de uma pausa para tomar fôlego. Um pouco de tempo sozinhos, que lhes dê a impressão de liberdade e independência ilimitadas. Em intervalos regulares, sentem a necessidade de sair da rotina e devem fazer coisas que só os homens fazem, ainda que pareçam totalmente desprovidas de sentido para as mulheres: tipo jogar futebol *society*, pescar, assistir às transmissões esportivas e – muito importante – ficar no mais absoluto silêncio. Os homens se viram sozinhos em tantas coisas, e a ideia de que seja possível resolver um problema falando dele não faz parte de seu código genético. Assim que pressentem problemas, ao contrário, se isolam no silêncio para refletir sobre o problema ou – com muito mais frequência – para evitá-lo.

Essa reação provavelmente é parte de sua "bagagem" porque, na presença de uma ameaça, é acionada automaticamente e sem que o homem tenha consciência dela. O fato de se isolar e fugir de vez em quando é inerente à sua índole. Talvez remonte aos tempos em que se distanciava para providenciar o alimento. A tentativa que muitas mulheres fazem de mudar a programação desse piloto automático, ou de desativá-lo para sempre, em geral está destinada ao fracasso. Ao contrário, origina nele frustrações que em pouco tempo culminam numa fuga. Pode-se chegar (sem querer) a uma reação em cadeia com alcance suficiente para levar ao fim o próprio relacionamento.

Em uma relação a dois, o homem não espera ter a obrigação de estar sempre presente e à disposição da mulher.

Fica contente quando ela vai fazer compras com as amigas e volta depois de três horas como prometido, porque enquanto isso ele pode ficar tranquilo sem fazer nada sem ter peso na consciência.

Isso não significa que a companheira, sua aparência, seu gosto em relação à moda ou suas amigas lhe sejam indiferentes. E jamais lhe passaria pela cabeça a ideia de se sentir rejeitado e abandonado porque ela não lhe pediu para acompanhá-la (coisa que, ao contrário, a mulher pensa, na situação inversa).

Mas se deseja fazer algo sozinho ou com os amigos, não quer se sentir obrigado a prestar contas de onde e por que, por quanto tempo e em companhia de quem. O simples pensamento de ter de justificar para a companheira a sua urgente necessidade de solidão o aborrece a tal ponto que o leva a preferir relacionamentos esporádicos.

Quando as mulheres compreenderem que o instinto de liberdade é inato ao homem e que não pode nem ser eliminado nem ser reconduzido nos trilhos corretos (do ponto de vista da mulher), e o respeitarem e aceitarem de verdade, as coisas fluirão bem, e os relacionamentos a dois já não terão necessidade de manuais. É preciso compreender que esse aspecto do comportamento masculino nada tem a ver com a mulher que o homem tem ao seu lado. Nao devemos pensar que se fôssemos mais atraentes, mais dedicadas, se o amássemos mais, ele não sentiria a necessidade da partidinha de sexta-feira. Ao contrário: se se deseja fazer com que o homem fuja, basta apenas detê-lo, fiscalizá-lo, mantê-lo com a rédea curta e decidir o curso do seu dia. Em suma, como também dizia Sting: "If you love somebody, set them free" ("Se você ama alguém, liberte-o").

Bater em retirada!

No início, os homens assumem as relações com superficialidade, sem vínculos... não gostam de se sentir acossados. O motivo é claro: se uma atriz pornô ninfomaníaca de repente se mudasse para o apartamento da frente, eles não poderiam aproveitar a oportunidade sem trair a legítima companheira. Melhor se manter livres. E a ideia de já não poder se virar para olhar as outras mulheres e de ter, de agora em diante, de se dedicar – exclusivamente – a *uma única* mulher não os entusiasma nem um pouco.

Além disso, quando não se tem problemas econômicos, a vida não é ruim nem sequer sozinho: pode-se levar as camisas para passar na tinturaria (ou para a mãe, se ela ainda está disposta), a empregada se ocupa da limpeza, e a qualidade das porções individuais do supermercado melhorou notavelmente. Depois, quando ficar velho, o homem terá uma cuidadora, que talvez se casará com ele em troca do apartamento em que mora. Então, por que um homem saudável, na posse das suas faculdades, deveria iniciar um relacionamento exclusivo? O que muda para ele? O dinheiro que deixará de gastar com a senhora da limpeza e para mandar as camisas à tinturaria – desde que sua doce metade queira se ocupar dos serviços domésticos – terá de ser gasto em presentes, convites para jantar e outras coisinhas, como flores ou joias, para ser perdoado por algo. Quando um homem começa uma história séria, vamos falar a verdade, ou não sabe fazer contas ou de fato está perdidamente apaixonado. Infelizmente, os homens sabem fazer contas até bem demais e, assim que sentem a mínima desconfiança de que podem ter sido capturados, o instinto da fuga desperta neles. O fato de as mulheres os prenderem e quererem planejar o futuro não combina muito com o seu instinto de liberdade e então fogem do perigo.

Mas eu te amo tanto

As juras de fidelidade quase nunca saem dos lábios dos homens. Assim como o "eu te amo", que eles pronunciam com a frequência do cometa Halley. Quanto mais um homem é forçado a pronunciar uma frase comprometedora, como o supracitado "eu te amo", ou até uma proposta de casamento, mais ele reage de maneira recalcitrante e evasiva.

Além de tudo, dispõe de um amplo repertório de manobras para desviar a atenção. Da tese de primeiro ter de garantir a carreira profissional e ganhar o suficiente para manter a família, passando pela desculpa de que antes de celebrar um casamento é preciso esperar que a mãe tenha elaborado o luto pela morte do marido, que ocorreu mais de dez anos antes, até as mais fantasiosas explicações sobre por que não pode ser feito este ano, e tampouco no próximo, mas no seguinte com certeza... talvez. Quando se trata de adiar um vínculo, a imaginação masculina não tem limites porque, na presença do risco de ser aprisionado, o motor da fuga do homem trabalha a todo vapor.

Como dissemos, o homem precisa apenas da própria liberdade; o que não significa que não esteja pronto a compartilhar com a companheira não apenas os dias felizes, mas também os difíceis. Quer apenas ser ele a decidir em que medida se dedicar a uma mulher e com quanta atenção. Assim que ela tenta organizar os dias dele e determinar quando e com que frequência devem se ver, ou tenta impedi-lo de ter *hobbies* e de sair com os amigos, então a emergência supera os níveis de atenção.

Por isso, confessando-lhe que não podemos (e não queremos) mais viver sem ele, com certeza não o agradamos. O que seduz a alma feminina, como uma declaração de amor particularmente romântica, no homem gera ataques de pânico.

Basta ter paciência

O truque consiste em dar-lhe sempre a impressão de que ele decidiu tudo por iniciativa própria.

Ou então, melhor ainda, que foi ele quem teve a ideia. Nunca deveríamos nos aproximar de um homem com pedidos concretos, mas tornar o mais possível atraente aquilo que desejamos. Sem dúvida, tudo isso contrasta com a maneira como os homens se comunicam, ou seja, de maneira direta, sem rodeios. Mas, nesse caso, o fim justifica os meios.

Portanto, é preciso apenas treinar a paciência. Quem deseja impelir, ou até obrigar, um homem a uma decisão precipitada ou a uma declaração concreta, dá um tiro no pé. A probabilidade da fuga se torna ainda maior. Se, logo depois do primeiro encontro, a mulher ousa fazer algumas propostas, poderá esperar anos por um telefonema dele, ainda que na hora da despedida ele tenha dito claramente: "Eu ligo pra você".

O homem que sofreu uma desilusão ("Todas as mulheres são cruéis" é o seu lema) inicialmente não vê nenhum bom motivo para se ligar a uma mulher, por mais que ela seja atraente, simpática e inteligente. O preço a pagar é muito alto. Assim que percebe uma ameaça à sua liberdade sob a forma de uma mulher que tenta controlá-lo, o homem se torna desconfiado e se retrai.

Melhor se afastar, mesmo que a isca seja atraente, em vez de correr o risco de engolir um anzol pontiagudo. O homem não deixa de levar em conta o risco de que, ao agir desse modo, pode perder a ocasião de ter ao seu lado uma mulher fantástica. Por outro lado, não se pode ter tudo na vida e mesmo uma ocasião perdida nunca será tão desagradável quanto a privação da liberdade.

Quem compreendeu profundamente as modalidades do comportamento masculino é capaz de revertê-lo. As mulheres, naturalmente, poderão se perguntar por que gastar tantas energias. A resposta é: ninguém as obriga. Poderiam também deixar para lá e continuar a viver sozinhas.

As quatro regras básicas da mulher para um casamento feliz

1) *É importante encontrar um homem que saiba cozinhar e manter a casa limpa.*

2) *É importante encontrar um homem que ganhe muito e seja muito bom no seu trabalho.*

3) *É importante encontrar um homem que realmente goste de fazer amor.*

4) *É importantíssimo que estes três homens jamais se conheçam.*

(Anônimo)